日本人が意外と知らないアジア45カ国の国民性

造事務所　編著

PHP文庫

○本表紙図柄＝ロゼッタ・ストーン（大英博物館蔵）
○本表紙デザイン＋紋章＝上田晃郷

はじめに　あなたの「アジア度」をチェック！

21世紀に入ってから、アジアの国々は急速に存在感を増しています。東京や大阪などの大都市では、大量の買い物をする中国人観光客の姿を見ない日はありません。また、トルコのケバブや、タイのトムヤムクンのようなアジア各国の料理を提供するレストランも人気です。ビジネスでは、経済成長いちじるしいドバイなど中東の国や都市への投資も活発になっています。

しかし、個々のアジアの国々の暮らしぶりや、たどってきた歴史の違いについては、日本ではあまり知られていない面も多くあります。たとえば、モンゴル人の食生活は肉が基本で野菜をほとんど食べません。それは、気候が寒冷なうえ乾燥気候で田畑があまりないからなのです。一方、インド洋の島国モルディブでは、人々は魚ばかり食べています。こちらは、耕作に足る陸地がほとんどなく、漁業が中心産業だからです。

広いアジアには、国や民族の数だけ異なる環境や生活があります。なかには、日本人には想像もつかないような驚きのライフスタイルもあります。

まずは、あなたがアジアの何人気質かチェックしてみましょう。

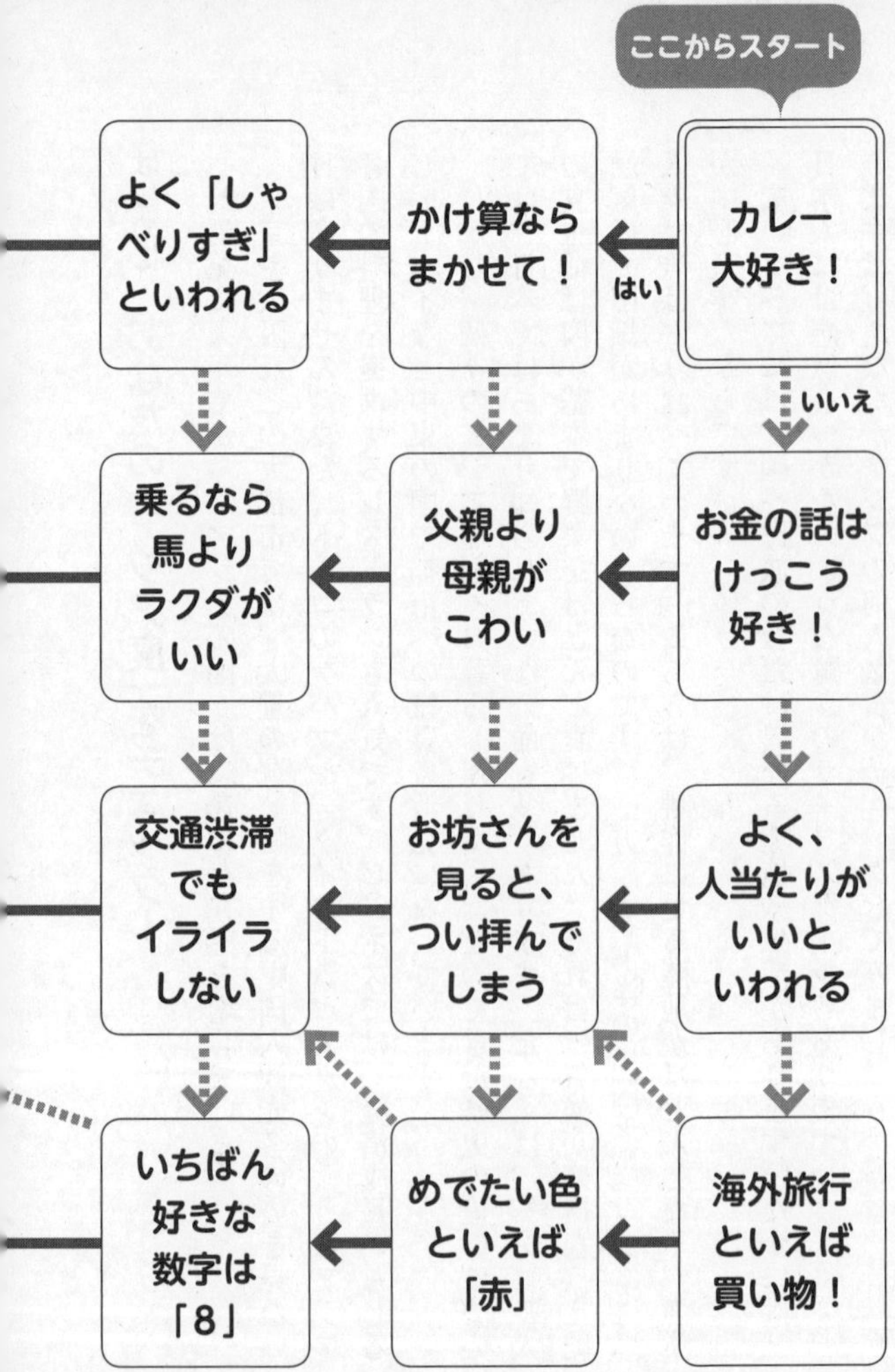

ここからスタート
カレー大好き！
はい
いいえ
かけ算ならまかせて！
よく「しゃべりすぎ」といわれる
お金の話はけっこう好き！
父親より母親がこわい
乗るなら馬よりラクダがいい
よく、人当たりがいいといわれる
お坊さんを見ると、つい拝んでしまう
交通渋滞でもイライラしない
海外旅行といえば買い物！
めでたい色といえば「赤」
いちばん好きな数字は「8」

バイリンガルなんて当たり前 → 毎日でも映画を観たい → **インド**

←22ページへ

じつはテレビっ子だった → 家族だんらんの時間は大事 → **サウジアラビア**

←114ページへ

辛い料理は大得意！ → 頼みごとは断れないタイプ → **タイ**

←78ページへ

食べることに貪欲！ → 画数の多い漢字は苦手 → **中国**

←242ページへ

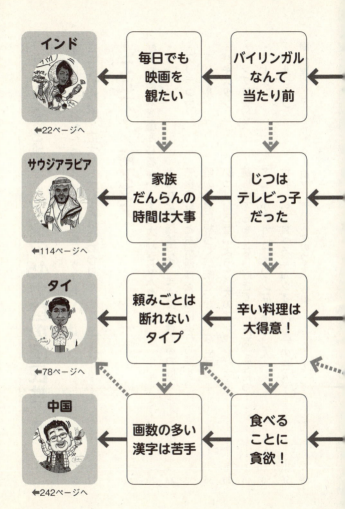

日本人が意外と知らない
アジア45カ国の国民性
目次

エリア2／東南アジア

❋エリア3／西アジア（アラブ圏）

✿エリア4／西アジア（非アラブ圏）

エリア5／中央アジア

エリア6／東アジア

ざっくり解説！

広大なるアジアはややわかり

アジアとひと口にいっても、その範囲はかなり広い。まずは地域と宗教と民族を理解しよう。

●ヨーロッパから見た概念として生まれた「アジア」

「アジア」とは、古代のギリシャ・ローマ人から見て、エーゲ海より東の地域すべてをさしていた。本書では、日本の近隣の朝鮮半島や中国から、中東のアラビア半島やトルコ、さらにカフカス地方までを含む地域を取り上げる。

そんなアジアには、世界の陸地の約3分の1、世界の人口の約2分の1が含まれる。ひと口にアジアといっても、大まかには、温暖な気候の東アジア、熱帯の東南アジアと南アジア、乾燥したステップ気候の中央アジア、砂漠気候の西アジア、と地域を分類できる。

気候によって服装や食べ物は異なり、さらに宗教が違えば信仰の習慣や価値観が違い、民族が違えば言語が違う。

ただし、地域、宗教、民族の区分と国境は必ずしも重なっておらず、複雑に入り乱れている。これが各地域での紛争の原因にもなっているのだ。

●インドを起点に分かれる西と東の宗教

アジアの宗教はややこしい。だが、それが各国のお国柄、マナーや食習慣、生活上のタブーなどを理解するうえで欠かせないポイントだ。

まず、おもにインドより東の地域で信仰される仏教は、紀元前5世紀ごろインドの北部でブッダによって創始された。その後、仏教は出家修行を重んじる上座部仏教と、大衆的な信仰を集める大乗仏教に分かれる。

東南アジアのタイやミャンマーなどでは上座部仏教が広まり、今も男性は生涯に一度出家する習慣がある。東アジアでは大乗仏教が広まったが、それ以前から存在した各地域の信仰とも入りまじっている。日本では神道の神様が仏様と並んで崇《あが》められているし、中国や台湾でも、儒教を創始した孔子や、三国時代の武将だった関羽をまつった関帝聖君などの道教の神様が仏様と並んで拝まれている。

ところが、仏教の本家本元だったはずのインドでは、しだいにシヴァ神やカーリー女神など、神話の神様を拝むヒンドゥー教が発達して、仏教はすたれていっ

●アジア・ヨーロッパの宗教分布地図

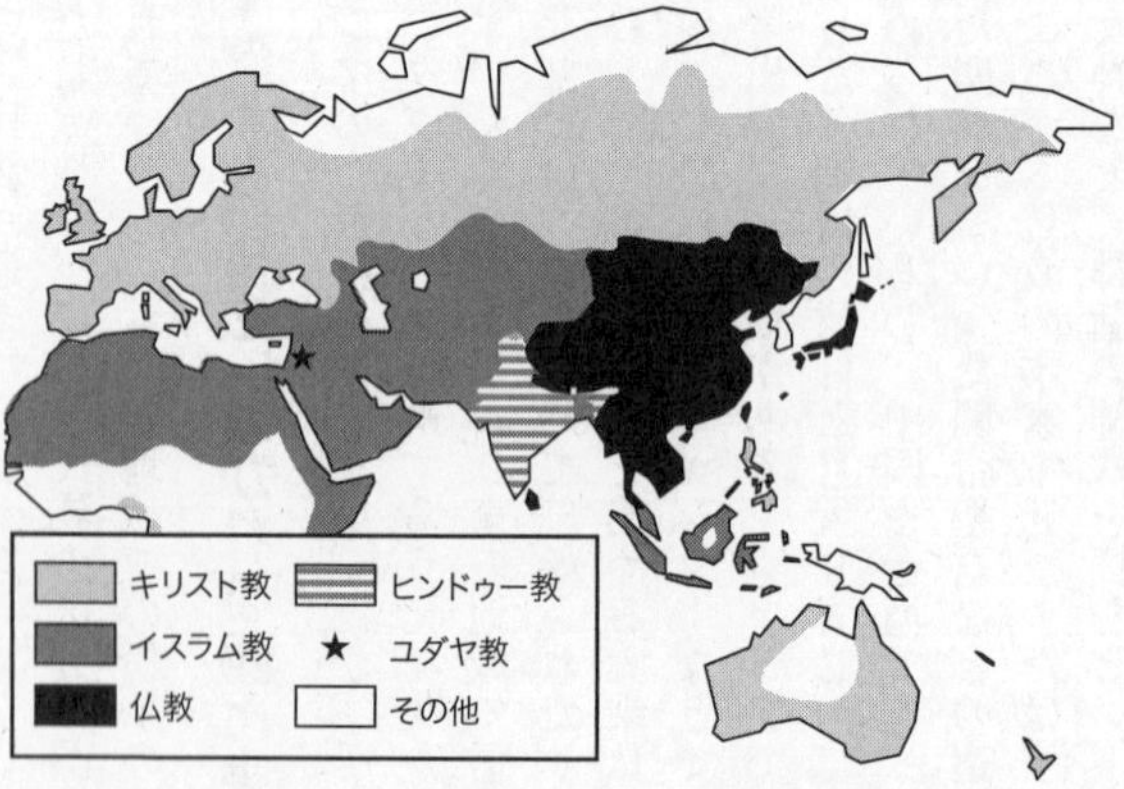

『世界史年表・地図』（吉川弘文館）などをもとに作成

アジアでは、イスラム教、ヒンドゥー教、仏教がよく信仰されている。

てしまった。

7世紀ごろには仏教にヒンドゥー教の要素を融合した密教が成立し、のちにインドと中国の中間にあるチベットでは、「生き仏」を拝む独自のチベット密教が発展した。モンゴルやシベリア中部などでもチベット仏教が信仰される。

一方、おもにインドより西の地域では、古代にはペルシャ（今のイランの辺りをさす）で成立したゾロアスター教などが信仰されていた。現在のイスラエル周辺では、紀元前6世紀ごろまでにユダヤ教が成立し、やがて聖典の『旧約聖書』がまとめられる。

1世紀にキリスト教を創始した

イエスはユダヤ人で、キリスト教とは本来、ユダヤ教の一派という位置づけだった。現在でこそキリスト教といえばヨーロッパの宗教というイメージがあるが、もともとは西アジアの宗教なのだ。

7世紀にはアラビア人のムハンマドがイスラム教を創始し、またたく間に中東全土から東南アジアにまで広がった。イスラム教は一神教で、偶像崇拝は禁止だ。このため、イスラム教徒はヒンドゥー教や仏教と衝突することになる。

とはいえ、イスラム圏もずいぶん広いので、文化的なばらつきが大きい。旧ソ連圏の中央アジアや東南アジアの国には、仏教のお寺のようなモスク（イスラム寺院）があったり、禁酒などの戒律を気にしない人もけっこういる。

ちなみに、イスラム教の聖典『コーラン』は『旧約聖書』の世界観をベースにしている。そして、ムハンマドは、ユダヤ教を広めたモーゼ、キリスト教を開いたイエスに続く「最後の預言者」と自分を位置づけた。つまり、じつはユダヤ教とキリスト教とイスラム教は、同じ神様を別の名前で拝んでいるのだ。

●どこの地域でも、隣接する国・民族の関係はややこしい

アジアでは、宗教の違いとは別に民族の違いもある。

同じ西アジアのイスラム教文化圏でも、イランで使われるペルシャ語と、アラ

ビア半島で使われるアラビア語、トルコから中央アジアで使われるトルコ語は、まったく別の言語だ。

例を挙げると「さようなら」は、アラビア語では「マーサラマ」、トルコ語では「ギョリユシュリユズ」だが、ペルシャ語では「ホダーハーフェズ」となる。なるほど、これでは同じ宗教でもぜんぜん別の国といえるだろう。

また、イラン、イラク、トルコの内陸にまたがって住むクルド人は、独立国家を持っていないが、ペルシャ語系のクルド語を話し、独自の文化を持っていることで知られている。

さらに、一国内でもさまざまな言語が混在している場合もある。まるでアジア全体の縮図のような広大なインドでは、ヒンディー語が公用語だが、お札には17種類もの言語が書かれている。中国でも、北京《ペキン》語では「ニイハオ」という挨拶が、香港などで使われる広東《カントン》語では「ネイホウ」になる。

このように、民族と国境は必ずしも一致しない。ことに、中央アジアや中東の人々は、もともと馬や羊とともに移動する遊牧民だったから、決まった国境という概念をそもそも持っていなかった。したがって、現在のアジアにある国境は、絶対的なものではない。

こうした考え方から本書では、現在は中国に属するチベット、中東のパレスチナなどの地域も、独立国ではないが独立した文化圏であるとし、ひとつの独立項目として紹介している。

さて、日本人の感覚では、たとえば「イランとイラクってどう違うの?」などと、隣接する国を一緒くたに見なしがちだ。だが、日本人の多くは隣の中国人や韓国人と混同されれば不愉快に思うだろう。これは世界のほかの地域でも同じことだ。

日本は領土問題などで中国や韓国と争いが絶えないが、広いアジアでは、同じように、インドとパキスタン、イランとイラク、トルコとアルメニア、ロシアとグルジアなど、隣接する国との民族や宗教の違いを抱える地域がたくさんある。しかも、隣国が陸続きなので、島国の日本よりもっと話がややこしく深刻な場合が多い。

このようなアジア各国のお国柄や国同士の関係からは、現代の日本だけを見ていては気づけない人間性の幅の広さだけでなく、やっかいさと面白さの両方が見えてくる。それは、わたしたちの住む日本を、また違った角度で考えるのにも役立つだろう。

文／菊池昌彦、佐藤賢二
イラスト／青木 大
図版／造事務所、原田弘和
本文デザイン／吉久 裕
協力／グローバルパワー

エリア1
南アジア

南アジアMAP

伝統を重んじるが、ＩＴも大好きな人々

仏教、ヒンドゥー教、イスラム教が広く広がる地域。

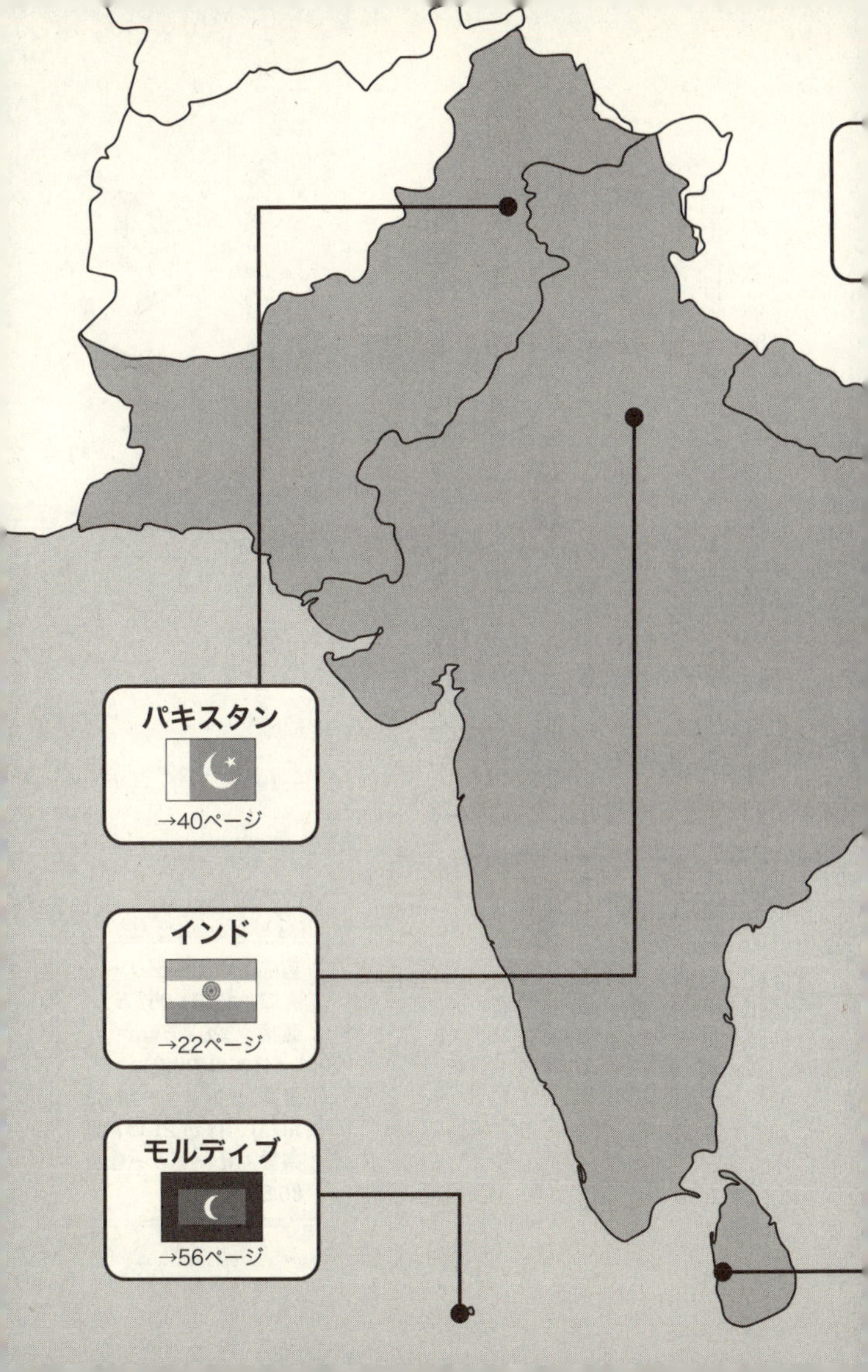
パキスタン
→40ページ
インド
→22ページ
モルディブ
→56ページ

インド

大らかだが議論好き、まさに人種のるつぼ

DATA

首都：ニューデリー
人口：12億1,057万人
面積：328.7万km^2
（日本の約9倍）
言語：ヒンディー語（公用語）、ほか21の言語
宗教：ヒンドゥー教80.5%

列車の中で料理をしても、誰も気にしない

現代インドの光景は、アジア全体の縮図のようだ。

インドの風景といえば、雄大なガンジス川で裸で沐浴《もくよく》する人々の姿や、道端に平然と牛が寝転んでいたり、観光客が歩いていれば集まって来るたくさんの物乞いの姿だろう。その一方で、数学が得意な人が多いからか、世界でもトップクラスの優秀なＩＴエンジニアやビジネスマンを数多く輩出している。

国土は日本の9倍も広く、人口は12億人。さまざまな民族や宗教が入りまじっているので、地域によって文化も異なる。毎日の買い物に使うお札には、ヒンディー

毎日の買い物でカレー用スパイスは欠かせない
男性は背広、女性の多くは伝統的な民族衣装
नमस्ते《ナマステ》
どこの家も子どもが多く、みんな算数が得意
SPICE
24×57=1368

語、タミル語、ベンガル語などなど、17種類もの異なる言語が記されている。

　そもそも、今のように逆三角形のインド半島全体が一個の国のように見なされるようになったのは、全土がイギリスの植民地になって以降だ。

　また最近では、富裕層はすっかりライフスタイルが欧米化。街が丸ごと高い塀で囲まれた高級住宅地（ゲーテッド・コミュニティ）で生活し、人口の3割を占める貧困層を一度も見たことがない人もいるという。とんでもない格差社会だ。

左隅にさまざまな言語の文字が書かれた紙幣。

　インドでは、道端で人が行き倒れていたり、なんと満員電車の中で平然と野菜を刻んでいる人もいたりするのだが、周囲の人間はいちいち気にしない。南国ではよくある気質として、時間にルーズな人も多い。約束の時刻に1、2時間遅れて来るのはザラで、仕事の納期が数日遅れることもめずらしくない。だが、ただ悠長なだけでもない。民族や階層が違えば意見がぶつかるのは日常茶飯事だし、損得勘定にもうるさいので、必要とあれば徹底的に議論しまくる。

　なにしろ、海外では「国際会議でいちばん難しいことは、インド人を黙らせることと日本人をしゃべらせることだ」というジョークがあるぐらいだ。その理由としては、インドでは、小学校からディベート教育が行なわれ、交渉力が鍛えられているからだろう。

サラリーマンでも、「鍛冶屋」「魚屋」などと呼ばれるワケ

インド人を語るうえで避けて通れないのが、カーストだ。これはまず、ヴァルナと呼ばれる大まかな4区分がある。上から順に、神官のブラーミン（バラモン）、王侯貴族と武士のクシャトリヤ、商人のヴァイシャ、農民や職人などのシュードラ、さらにカースト外として不可触民（アウトカースト）と呼ばれる最下層の民がいる。

以上はあくまで大枠で、この中にさらにジャーティと呼ばれる2000種類以上もの職業による階級が分かれている。たとえば、武道家、牧畜業、自営農、漁師、木工職人、陶芸職人などなどで、それぞれに細かく上下関係があるのだ。

実際にはサラリーマンでも、「鍛冶屋《かじ》」とか「魚屋」などといった、代々の職業カースト名があだ名になっている場合もある。職業の区分にはカースト意識の名残も根強い。富裕層は自分で家事をせずに使用人を雇っていることが多い。掃除専門の使用人、洗濯専門の使用人などと仕事が分かれていて、それぞれにジャーティが異なるので、自分の本業以外の仕事はやらないのだ。

●カースト別の人口比

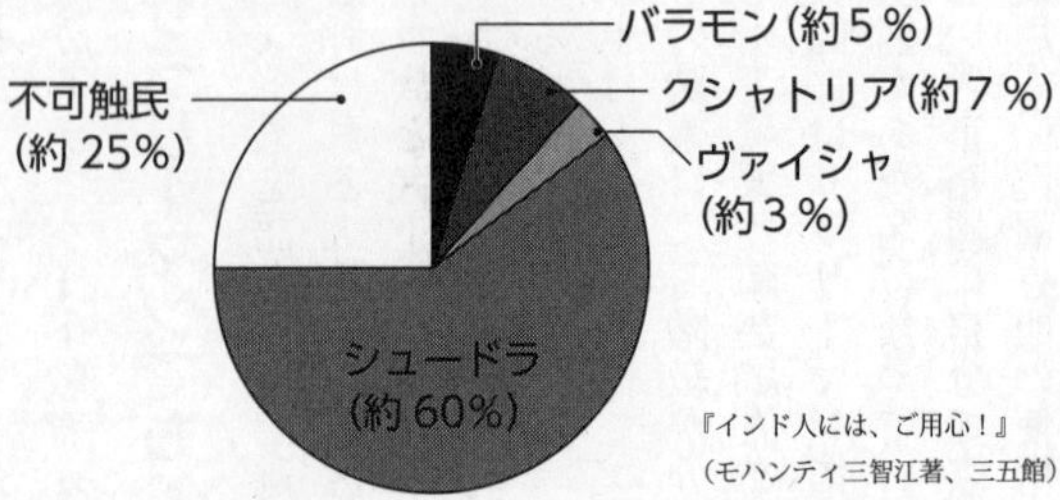

『インド人には、ご用心!』
(モハンティ三智江著、三五館)より

下層カーストが人口の8割以上を占めるが、政府はその地位向上に努めている。

とはいえ、インドは戦後にイギリスから独立して以来、下層カーストの地位向上に力を入れてきた。その成果として、現在では最下層の不可触民から地方の首相や大会社の社長になった人もいれば、最上級のバラモン出身なのに清掃員をしている人もいる。

インド人にとってカーストは生まれたときから当たり前のようにあるものなので、インドを訪れた外国人に「あなたの所属カーストは?」と聞くこともある。

カーストは上下の階級で人間を分けているが、同じジャーティなら住んでいる地方や世代がぜんぜん違っても仲間意識があり、近年はネットのSNSでジャーティごとにコミュニティを作る人も多い。かといって、人間関係が全部カーストで分かれているわけでもなく、近所の顔見知りや職場の先輩などで親しい年長者は、カーストに関わりなく「兄貴」とか「おばさん」などと呼ぶ。

自己紹介で階級も説明

結婚は、同階級ぐらいのジャーティ同士で行なうのが基本だ。カーストが異なる男女の間に生まれた子どもは、階級が低いほうのカーストに属することになる。

かつては新聞に結婚相手募集の広告を出す人が多かったが、現在はネットの婚活サイトを利用する人が増えている。自己紹介でお約束の項目は、学歴や収入、所属ジャーティなどで、容姿では「色白」を強調する人が多い。上級カーストはヨーロッパ系のアーリア人の子孫が多いからだ。

加えて、生活の中に宗教が深く根ざしている国のためか、結婚相手を選ぶうえでも星占いの相性をやたら気にする人が多い。

ヒンドゥー教徒の既婚女性は、頭の髪の分け目に赤い粉のようなシンドゥールをつけているので一目でわかる。これは結婚相手の幸福と繁栄をもたらすといわれている。また、多くのインド人はおでこの真ん中にチャクラ（第三の目）があると考え、ここにティラカと呼ばれる飾りをつけている。さらに夫が存命中の既婚女性がつけるものはビンディと呼ばれ、これも赤色が基本だ。

都市部ではカーストの束縛に関係なく自由に恋愛結婚する男女もいるが、地方では4、5歳ぐらいで無理やり他家へ嫁に出されてしまう子どももいる。成長してから結婚すると、新婦側が新郎側に多額の持参金を納めないといけないからだ。

また、まだまだ男尊女卑的な習慣が根強いようで、インドの男は力強くて頼りになるところを見せたがるという。そのため、彼女や奥さんの代わりに買い物の行列に並んだり、重い荷物を持ったりするのを嫌がらない人も多いという。

日本の人口の1・5倍もの菜食主義者がいる

インドの料理といえば有名なのはカレーだが、なにしろ国土の東西と南北それぞれ約3000キロもあるインドだけに、地域によって食文化は大きく異なる。

米をよく食べる土地もあれば、小麦粉や雑穀を混ぜたパンやナンを食べる土地もある。ヒマラヤ山脈に接する北部は油っこい料理が特徴で、暑い南部では米を食べる人が多く、唐辛子を効かせたスパイシーな味付けが主流。ベンガル湾に面した東部ではシーフード料理、西部は黒糖とスパイスを組み合わせた甘辛い味付けが主流といわれる。

マサラと呼ばれるカレーのスパイスは、シナモン、ナツメグ、ウコン、コショウなどなど数十種類もの香辛料を混ぜ合わせたもので、各家庭で独自にブレンドしている人も多い。家庭ごとにいわば「おふくろのカレー」があるのだ。

余談だが、インドは年間1000本以上の映画が製作され、じつはアメリカをしのぐ映画大国だ。万人向けの娯楽だけに、登場人物の民族や所属カーストも多様で、歌やダンスやアクションなど内容も盛りだくさんのものが多く、まさに各種のスパイスを混ぜたマサラのようだ。だから、インド映画のことを「マサラムービー」と呼んだりもする。

そんなインドの食文化は、宗教の影響が大きい。インド人の大多数を占めるヒンドゥー教徒は、衛生観念が独特なのだ。たとえば家族や親しい間柄の人でも、日本でよくあるような、鍋から自分の箸で隣の人のために肉を取ってあげたり、他人が口をつけたグラスから飲み物を回し飲んだりはしない。食事は右手のみを使うのが基本で、左手は不浄と見なされ、トイレでは左手のみを使う。

動物の血や肉も不浄な要素があると考えられるので、一部の宗派や高位聖職者のカーストはいっさい肉や魚を食べず、カツオ節を使ったダシ汁さえもNGだ。一説によれば、インドではなんと約2億人が菜食主義といわれる。

ヒンドゥー教では、牛は「神の使い」として神聖な生き物とされるので、牛が出す乳から作ったバターやヨーグルトは好まれるが、牛肉を食べるのは厳禁だ。豚は不浄な生き物とされるので豚肉も食べない。これはイスラム教徒も共通する。このため、インドで肉といえば鶏肉か羊肉が主流となっている。また、少数派のジャイナ教徒は微生物も殺さない徹底した不殺生主義なので、ほぼ100%菜食主義者だ。

日本も含めて世界で活躍するインド人

国際社会でのインドの強みは、旧イギリス領だっただけに、上流階級では英語が普及している点だろう。もっとも、多くの人は「the」や「a」を省略したり、バターをバタルと発音したりするインド訛《なま》り英語（ヒングリッシュ）を話す。

もとより多民族国家のインド人は、外国でももの怖じしない。全世界に2000万人もいるといわれる印僑《いんきょう》（在外インド人）は、インドのみならず世界の経済にも大きな影響を与えている。一例を挙げれば、アメリカのオーディオメーカーBOSEの創業者であるアマー・G・ボーズはインド系移民だ。

日本でも、東京の江戸川区西葛西には、ITエンジニアを中心に約2000人ものインド人が暮らしている。加えて、昨今では理数系の教育に力を入れていることで有名だ。インドでは小学1年生でさっそく、かけ算を九九どころか20×20まで暗記するぐらいだ。

日本には古代にインドで生まれた仏教が伝来したが、近代に入って以降も、意外な部分でインドとの縁は深い。インドでおなじみの交通機関といえば、自転車やバイクの後部に大きな座席をつけたリキシャサイクルやオートリキシャだが、これは日本から伝わった人力車が発展したものだ。

日本に本場のインドカレーの製法を伝えたラース・ビハーリー・ボースは、インド独立運動の闘士でガンジーの同志だった。大正時代に日本に亡命したボースは、あんまん、肉まんとカレーレストランで有名な新宿中村屋の創業者である相馬愛蔵にかくまわれ、相馬の娘の俊子《としこ》と結婚して日本に帰化した。

逆に、インド人になった日本人もいる。インドでは独立後、法務大臣を務めたアンベードカル博士が、カースト制度で差別される不可触民の仏教への改宗を唱えた。現在この志を継いでインド仏教徒の代表を務めているのは、インドに帰化した日本生まれの僧・佐々《ささ》井《い》秀嶺《しゅうれい》（インドでの名はアーリア・ナーガルジュナ）だ。

インドの代表的人物

ラタン・タタ

(1937年 -)

インド最大の財閥タタ・グループの会長。アメリカのコーネル大学卒、インドの貧困層のために日本円で25万円相当の軽自動車「ナノ」を売り出して話題となった。タタ一族はインドでは少数派のパーシー教徒（ゾロアスター教徒）で、カーストに束縛されないビジネス人脈を持つ。

スリランカ

午後の紅茶とお釈迦様を、なによりも愛する

DATA

首都：コッテ（スリ・ジャヤワルダナプラ・コッテ）
人口：約2,048万人
面積：6.6万km^2
（北海道の約0.8倍）
言語：シンハラ語、タミル語（共に公用語）
宗教：仏教70.0%

満月の日は国民の休日で、みんなでお参りに

スリランカのあるセイロン島といえば、世界的な紅茶の名産地として名高い。イギリスの植民地だった時代の名残で、午前10時と午後3時にはしっかりお茶の時間を取る人が多く、どこの職場でも必ず仕事を中断してティータイムの時間を取る。砂糖をたっぷり入れた甘ったるいミルクティーを好む人が多く、お茶うけはバナナかビスケットがお約束だ。

また、中流以上の階層では英語を話す人も多い。これまた同じくイギリスによる植民地支配の影響で、スポーツといえば英国式のクリケットが人気。子どもも

中央に並んで読経する3人のスリランカ人僧侶。

みんな熱中している。ほかのスポーツはあまりぱっとしないが、インドを含めてほかの旧英領の国々とはクリケットの国際試合で盛り上がる。

とはいえ、庶民の大部分は昔ながらのアジア的な土着文化を愛する仏教徒だ。

スリランカでは、仏教発祥の地であるインドですたれてしまった上座部仏教が続いており、仏陀《ブッダ》が生きていた時代のように、出家僧侶の共同体（サンガ）が多くの人々の寄進によって支えられているのだ。

満月の日は国民の休日となっていて、仏教徒はみんなでお寺にお参りに行くことになっている。

もっとも、日本で仏教と神道の習慣が入りまじっているように、スリランカの庶民の間でも仏教とほかの宗教が混在している。中南部のアダムズ・ピーク（サマナラカンダ）という山には、仏陀の足跡と呼ばれるものがあるが、ヒンドゥー教徒はこれをシヴァ神の足跡と呼び、キリスト教徒とイスラム教徒は旧約聖書に登場するアダムの足跡と呼ぶ。つまり、みんな同じ聖地を拝んでいるのだ。

また、仏教と並んでスリランカ人になじみが深いのが占星術だ。日本でもよく使われる黄道12星座とは異なり、太陽や月など9つの星に生年月日を当てはめるもの。ビジネス上の重要な話も、この占いを参考にして決めることが少なくない。

ところで、スリランカの庶民は家族を大事にすることで有名だ。子どもには甘く、勤め人でも外食はあまりせずに奥さんの作った弁当持参の人ばかり。大家族が多い南アジアの国ではめずらしく少子化が進んでいて、子どもの数はふたり以下の家が多い。これは、独立後に外貨を稼ぐため女性も含めて出稼ぎが増えたことが原因だという。

戦時中にまでさかのぼる、意外な日本との縁

今でこそ平和なスリランカだが、2009年まで、多数派のシンハラ人（おもに仏教徒）と少数派のタミル人（おもにヒンドゥー教徒）の紛争が続いていた。このため、タミル人が多い東北部では、海外からの観光客をにこやかに出迎えて

くれるホテルの職員にも、じつは数年前まで兵士だったという人がいたりする。

この民族対立は、イギリスによる植民地支配の負の遺産だ。19世紀当時、イギリス人はシンハラ人の土地に大農場を作り、そこに安い労働力として大量のタミル人をインドから連れてきたのだ。

戦争にまつわる話では、じつは第二次世界大戦中、日本海軍はセイロン島にあったイギリス軍基地を攻撃したことがあり、爆撃の跡が今も残る。当時のスリランカ人は、英軍につくべきかイギリスからの独立を唱えて日本に味方するかで揺れた。戦後、独立国となったスリランカは、まだ財政が厳しかったにもかかわらず、日本への賠償請求をいっさい放棄している。

日本も1960年代以降はスリランカへの援助を頻繁に行なっている。そのためだろうか、日本人に対してはフレンドリーな人が少なくない。

スリランカの代表的人物

アントン・ウィッキー

(1940年 -)

1961年に留学生として来日し、東京大学農学部で海洋生物学を学んだ。その後、日本でタレントとして活動するようになる。79年から94年まで日本テレビの番組『ズームイン!! 朝!』では、「ウィッキーさんのワンポイント英会話」のコーナーを担当して人気を博した。

ネパール

陸の孤島に根づく伝統を、かたくなに守る

DATA

首都：カトマンズ
人口：2,649万人
面積：14.7万km^2
（北海道の約1.8倍）
言語：ネパール語
宗教：ヒンドゥー教81.3%、仏教9.0%

信心深く、真冬でも毎朝水浴びを欠かさない

周囲を見渡せば山、山、山……ネパールの風景は、日本でいえば長野県に少し似ている。実際、ネパールの首都カトマンズは長野県の松本市と姉妹都市になっている。国内に海はなく、国土の80％以上は山岳地帯で、段々畑が名物だ。

そんなネパールの名所といえば、中国と接する西北部にそびえる世界最高峰のエベレスト（チョモランマ）山だ。現地ではサガルマータ（世界の頭）の名でも親しまれている。

良くも悪くも陸の孤島のような土地だけに、古い伝統文化が今も日常の中に息

づいている。ヒンドゥー教と仏教が混在した宗教を信仰し、新年の祭り、仏陀の生誕を祝う祭り、秋の収穫を祝う最大の祭りのダサイン、牛や馬や蛇《へび》やねずみなど各種の動物にまつわるものなど、各種のお祭りが年中行なわれる。

神輿に乗って祭りの町を練り歩くクマリ。

ネパールはチベットとも隣接しており、中部のネワール族には、なんと今もチベットの「生き仏」ダライ・ラマのような「生き神」がいる。これはクマリと呼ばれ、4、5歳の幼い少女を女神様として崇《あが》めるのだ。クマリになった娘は学校にも通わず寺院の中で暮らすが、初潮が来ると別の娘に代替わりする。生き神を卒業したら普通の女子生徒に戻るのだから、ちょっと不思議な感覚だ。

庶民の日常は、まず毎朝、水浴びをして神様にお供え物を捧げる儀式を行なってから食事するのがお決まりだ。ガスがあまり普及していないため、寒い冬でもお湯ではなく水で入浴する。高山地帯だけに冬場は冷え込むが、大人はアルコール度数が70％もある蒸留酒のロキシーを飲んで、体を温めるという。

食事は1日2回で、たいてい午後の遅めの時間と寝る前だ。インドと隣接する土地では牧畜もさかんなので、よく食べられる料理はカレーやミルク粥《がゆ》などだが、貧困層には、昼間はずっとガムを噛《か》んで空腹をまぎらわせている子もいる。また、川魚の料理はあるが、高地なので海の幸には縁がなく、海外でエビやイカの入った料理を見ると「なんだこれは？」といぶかしむネパール人もいるそうだ。

ネパール国民の多数は貧しいが、稼ぎ頭になっているのが、グルカ兵と呼ばれるイギリス軍に雇われたネパール軍人だ。19世紀に誕生した歴史あるグルカ兵は、イギリス軍でもとくに勇敢なことで知られ、2度の世界大戦で勲章をもらった兵士も多い。

家の電話よりも先にインターネットが普及？

山奥にあるネパールでも、首都カトマンズは近年かなり都会らしくなっているが、水洗トイレの普及率はわずか35％しかない。各家庭での固定電話の普及率はたったの約3％。だが意外にもインターネットの普及率は約25％、携帯電話の普及率は50％以上もある。

文明の利器が入ってきたのが遅く、いきなり最新のアイテムが普及したからだ。

1980年代のカトマンズでは、まだ現地でのテレビ放送もないのにビデオが広まり、海外の映画を観る人が増えたという。

いっけんのどかに映るネパールだが、2000年代になってからは政変が続いている。ネパールは長らく王制の国で、89年の昭和天皇の大喪の礼には、ギャネンドラ王子が出席したこともある。ところが2001年には、当時の皇太子が王宮で銃を乱射して王族の多数を殺害するという惨事が起きた。

その後に即位したギャネンドラ新国王は議会を無視して横暴な態度をとったため、国民の猛反発を受け、08年には王制が廃止されてしまった。以降も議会は混乱が続き、いまだに新憲法は制定されていない。世界の登山家に愛される国だけに、早く治権が安定するのを期待するばかりだ。

ネパールの代表的人物

テンジン・ノルゲイ

(1914年 - 1986年)

1930年代からネパールのヒマラヤ山麓でポーターとして働く。53年にニュージーランド出身のエドモンド・ヒラリーとともに史上初のエベレスト登頂を果たし、世界の登山家のヒーローとなった。正確にはネパール領内ではなく、チベット生まれだったともいわれている。

パキスタン

いっけんお堅いようで、大のオシャレ好き

DATA

首都：イスラマバード
人口：1億8,435万人
面積：79.6万km^2
（日本の約2倍）
言語：ウルドゥー語（国語）、英語（公用語）、パンジャブ語
宗教：イスラム教

イスラム過激派でもヒゲのお手入れは欠かさない

パキスタンとインドはもともと同じ英領インドに属していたが、第二次世界大戦後、ヒンドゥー教徒の多い地域がインド、イスラム教徒の多い地域がパキスタンとして独立した。このため、日常生活には何かとイスラム教の影響が大きい。ホテルではどの部屋にも、イスラム教の聖地メッカの方角を示す印がついている。とある病院ではトイレに入るとお尻がメッカの方角に向くことが発覚したため、なんと建物内のトイレが全部作り直しになったこともあるという。

また、長らくインドと一体の国だったので、カースト制度の影響なのか上下関

係も厳しく、職場や地域で親分格の人が言うことにはうかつに逆らえない。若い男女の結婚相手も、親や地域の顔役が一方的に決めるのが通例で、式を挙げるまで相手と直接会うことはないという場合もある。

もし、これに逆らって女性が自由恋愛で結婚したり出産したりするといったいどうなるのか？「一族の名誉を汚した」と見なされ、親族からリンチを受けて殺されてしまうこともある。昔ながらの伝統を重んじる人々は、正当な行為だと主張しており、これは「名誉の殺人」と呼ばれる。

加えて、男尊女卑の風潮が根強く、「女房はオレの所有物」という考え方の男性が多いので、既婚女性が夫に黙ってひとりで映画を観に行っただけで夫の怒りを買って殺されてしまったこともあるという。

こう聞くと、いかにも保守的でお堅いお国柄のようだが、パキスタン人は男女ともにけっこうオシャレ好きだ。近年の都市部ではメンズエステが広まりつつあるし、女性はベールで顔を隠している人が大部分だが、思い切り派手に化粧したり、ふんだんに香水を身につけている人が多いという。

とくに、男性の間では「男は髪もヒゲもフサフサじゃないと威厳がない」と見なされるので、植毛サロンが人気だ。パキスタンの西部でアフガニスタンと隣接する地域は、イスラム過激派のタリバンが支配しているが、タリバンの戦闘員でも髪やヒゲの艶《つや》を保つクリームを愛用している人が少なくない。

厳格なイスラム教国ながら、じつはポルノ映画館も

インドと同じく、パキスタンもいろいろな民族が入りまじった国だ。じつは国名は各地域の地名のつぎはぎで、公用語は借り物を使っている。

パキスタンという国名は、東部のパンジャブ州のP、西部に住むアフガン人のA、北東部のカシミールのK、イスラム教のI、アラビア海に面する南部シンド州のS、西南部のバロチスタン地方の語尾をくっつけたもので、「清らかな国」という意味になる。

形式上の国語はウルドゥー語で、これはインドのヒンディー語と似ているが、アラビア語に由来する語彙《ごい》が多いため「イスラム教徒の言葉」として使われてきた。ところが、実際には東部ではパンジャブ語、西部ではパシュトゥー語、南部ではシンド語などを話す人も多い。その結果、皮肉にもパキスタンは植民地時代の言葉である英語を公用語にしている。余談だが、国語のウルドゥー語は「昨日」と「明日」を意味する言葉が、どちらも同じ「カル」という語なので、外国人は、慣れないうちはよく会話で日付が混乱しそうになるという。

このように民族や言語はバラバラだが、国内では「同じイスラム教徒」という

黒いブルカを身にまとった、女教師のブルカ・アベンジャー。

ことで結束している。それだけにイスラム教へのこだわりは強い。

このため、テレビや映画の性表現などもやたら厳しく、キスシーンさえ検閲でカットされることがある。ところが、意外にもポルノ映画館もある。しかも、風紀に厳しいタリバンがさかんに出没する地域にあるというから驚きだ。とはいえ、断続的に戦闘が続いている物騒な地帯だけに、観客は自動小銃を持った警備員から身体検査を受けて入場し、おそるおそる観賞しているという。

若い世代には、タリバンや男尊女卑的な保守派に反発する人も少なくない。2013年には『ブルカ・アベンジャー』というアニメが作られた。これはアメコミ風のヒロインが女性や子どもの自由を奪う悪者をやっつけるという内容だが、主人公はイスラム教の伝統的な女性の服装であるブルカを身につけている。本来、イスラム教徒は女性の自由も尊重すると考えられているのだろう。

犬猿の仲なのにインド映画が大人気

パキスタンは建国以来、隣国インドとはイスラム教とヒンドゥー教の宗教対立や、北部にあるカシミール地方の帰属をめぐり、ずっと犬猿の仲だ。両国の間では、独立直後の１９４７年、65年、71年の３度にわたり、印パ戦争がくり返された。現在もおたがいに核武装してにらみ合いを続けている。

そんな事情もあり、インドの映画やテレビ番組、音楽などの輸入は禁止だ。だが、じつはインドの映画や音楽などは人気が高く、こっそりと海賊版のＤＶＤやＣＤを手に入れる人も多い。なにしろパキスタンでは１９９０年代までテレビ局が２つしかなかったぐらいなので、娯楽コンテンツはだんぜんインドのほうがクオリティが高いためだ。北朝鮮にも韓流ドラマやＫ－ＰＯＰの隠れファンが少なくないといわれるが、なんだかそれに事情が似ている。

そんなパキスタン人が、宿敵インドを牽制《けんせい》するため頼りにしているのが中国だ。民間レベルでも中国文化が広まり、パキスタンの料理といえばインドと同じく鶏肉や羊肉のカレーが主流だが、庶民の間では中華料理も人気が高い。都市部のスーパーでは、もともと中国が原産で南アジア料理ではあまり使われなかった白菜もたくさん売っている。南部のシンド州では小学校から中国語の授業を行なっているぐらいだ。

また、独立以来一貫して、日本とも関係は深い。パキスタンにはトヨタや日産など多くの自動車メーカーが進出しているが、なんと販売される新車の95%は日本車で、ひょっとすると日本以上に日本車が多い国かもしれない。

かつて、日本人をさすフレーズとして「エコノミック・アニマル（経済的動物）」という言葉があった。じつは、この言葉を最初に使ったのは、1960年代のパキスタンのブットー外相だったという。

このフレーズ、一般的には金儲けにばかりかまける日本人を揶揄《やゆ》したものと解釈されていたが、本来の意味は「日本人は経済活動にすぐれた存在」というほめ言葉だった。当時からパキスタン人は日本人に一目置いていたのだ。

パキスタンの代表的人物

マララ・ユスフザイ

(1997年 -)

パキスタン北部のカイバル・パクトゥンクワ州に教師の娘として生まれる。同地を支配するタリバンが西洋式の女子教育を禁止したことに臆することなく抵抗し、欧米の報道メディアやパキスタン政府から高く評価された。2014年には史上最年少の17歳でノーベル平和賞を受賞。

バングラデシュ

貧しくてももてなし好きで秘めた商才を持つ

DATA

首都：ダッカ
人口：1億5,250万人
面積：14.4万km^2
（日本の約4割）
言語：ベンガル語
宗教：イスラム教89.7%、ヒンドゥー教9.2%、仏教0.7%、キリスト教0.3%

国語へのこだわりのため人気の日本アニメを禁止？

イスラム教徒が多数を占めるバングラデシュは、もとは東パキスタンと呼ばれるパキスタンの「飛び地」だった。1950～60年代の古い世界地図ではバングラデシュの位置にパキスタンとある。しかし、ベンガル人が多い東パキスタンは西パキスタンとは言葉も大きく違い、経済的に豊かな西パキスタンに支配されるのを嫌って独立したのだ。

北海道の2倍ほどの国土に、日本より多い1億5000万人以上が住むバングラデシュの人口密度は、1平方キロメートルあたり約1000人で、なんと日本

お祭りがあったわけではなく、これがダッカの日常だ。

の3倍以上。首都のダッカは、とにかくどこに行っても人だらけ。道路には多数の歩行者や、自転車の後ろに大きな座席をつけたリキシャサイクル、さらに自動車と、つねに渋滞。電車やバスの屋根の上にも人が乗っているのがおなじみの風景だ。

バングラデシュの国土はほとんどが平地だが、南部は海抜7メートル以下の低地にガンジス川、ブラマプトラ川、メグナ川の河口が広がり、毎年サイクロンの季節になると、頻繁に大洪水になる。だが、ガンジス川の上流から栄養分の豊富な泥が運ばれてくるので、農業には適した土地なのだ。

食生活は、南アジアの定番料理であるカレーのほかに乳製品や米や川魚で、お客が来ればとにかく大量の料理を出すのが礼儀となっている。

また、自国の言葉であるベンガル語へのこだわりはとても強い。テレビでは隣国インドの番組も視聴できるが、日本からインドに輸出されたヒンディー語版の『ドラえもん』を観る子どもが増えたため、政府は子どもがベンガル語を話さなくなることを怖れ、なんと『ドラえもん』の放送を禁じたほどだ。

ほとんどの庶民はイスラム教の戒律に沿って生活しているが、ファッションなどはベンガル地方特有のものもある。イスラム教では女性は人前で肌を露出してはいけないが、バングラデシュではなぜか、ボディラインや胸元や脚をさらすのはダメでも、ヘソ出しルックはＯＫだという。なんとも不思議な話だ。

個人事業主をサポートする、マイクロクレジット

長らくバングラデシュといえば、アジアでは最貧国のひとつだったが、人口が多くて労働力も豊富な国だけに、21世紀に入って以降は経済発展が進んでいる。

その理由のひとつは、日本円に直すと数万円ほどの金額を無担保で融資する、マイクロクレジットという小規模金融が普及し、個人事業主が増えたことだ。

通信網が立ち遅れていた地方では、マイクロクレジットで携帯電話を購入して客にレンタルする事業をしている人もいる。とはいえ、個人事業は一種のバクチなので、たとえば融資を受けて乳牛を買ったがきちんと育たなかった、などの理由で融資してもらったお金が返済できずに困るケースもあるようだ。

　バングラデシュ人の多くは農民だが、意外に先祖代々の土地にこだわらないという。加えて、イギリス植民地時代からベンガル人は頭脳労働者が多かった。こうした点から、今後もバングラデシュで農村から新ビジネスに挑む人は増えそうだ。

　近年は海外で働くバングラデシュ人も数多く、日本には8000人以上のバングラデシュ人が滞在する。日本国内のインド料理店では、バングラデシュ人（またはネパール人）が働いていることもあるという。

バングラデシュの代表的人物

ムハマド・ユヌス

(1940年-)

　バングラデシュを代表する経済学者。ダッカ大学を卒業後、アメリカに留学。1976年にマイクロクレジットの元祖であるグラミン銀行を設立。政府の支援を受けながら、農村の貧困層が経済的に自立する手助けをした。この業績により、2006年にノーベル平和賞を受賞している。

ブータン

古風だが意外にオープンな秘境の村人

DATA

首都：ティンプー
人口：約73.3万人
面積：3.8万km^2
（九州とほぼ同じ）
言語：ゾンカ語
宗教：チベット系仏教、ヒンドゥー教など

素朴な山奥の村のようだが不倫はOK？

ヒマラヤの内陸にあるブータンは、人口が熊本県熊本市と同じぐらいで、国というより村がいくつか集まったような土地だ。首都ティンプーにある唯一の空港は山の間に滑走路が1本あるだけで、空港施設は大きなお寺のようだ。すぐ近隣のネパール人は、インド人に多い彫りの深い顔つきだが、ブータン人は民族的にはチベット人に近く、外見は日本人や中国人に似ている。国民の大多数は、和服のような「ゴ」という伝統的な民族衣装を着ているが、頭には洋風の帽子、足元は革靴という人もいて、なんだか文明開化のころの日本人のようだ。

日本でも、狭い田舎ではみんな親類や顔見知りということがよくあるが、ブータンの町や村はどこでもそんな感じだ。国全体の人口が少ないことに加え、もともと牧畜民なので牛や山羊《やぎ》を連れて村から村へ移動する人が多いためだ。

国民の多数は敬虔《けいけん》な仏教徒で、どこの家にも仏壇があり、王様の次にえらいのは僧侶会議の大僧正となっている。仏教は不殺生が基本なので、蠅《はえ》も殺さない人が多い。そればかりか、ブータンでは年に2回、丸1カ月間肉類をいっさい食べない月が決まっている。この期間は町のお肉屋さんも休業となるのだ。

山奥の民というと引っ込み思案に思われるかもしれないが、ブータン人は人なつっこく、人見知りをしない穏和な人が多い。ただし、人と言い争ったりぶつかり合うことに慣れていないためか、ビジネス上のトラブルで外国人から怒鳴られたり面目を潰されると、露骨に機嫌を損ねてしまうという。

家族や男女の関係は、意外にゆるい面がある。ブータンにはMBAという隠語があるのだが、これは「Married But Available」の略で、「結婚しているけど不倫OKです」という意味なのだ。もともと一夫多妻または一妻多夫の習慣があり、実質的な重婚がめずらしくなかったからだ。さらに、少し前までは夜這《よば》いの習慣もあり、男が意中の相手の家にこっそり忍びこむのも日常茶飯事だったという。

ちなみに、ブータンでの結婚は嫁入りではなく婿入りが基本。つまりお父さんではなくお母さんが家の主で、財産も息子ではなく娘に相続される。そんなわけで、頼りない夫や、あるいは浮気性の夫は簡単に家から追い出されてしまう。また、牧畜が生活の中心となっている場合、幼い子どもを置いて移動することもあるため、知り合いの子どもを預かって自分の子のように育てていることもよくあるという。

鉄道はないが、スマホを使う若者が増加中

ブータンといえば、経済的な豊かさをはかるGDP（国内総生産）に対して、GNH（国民総幸福度）という概念を掲げ、伝統文化や自然環境の保護を唱えていることで知られる。それでは、みんな昔ながらののどかな生活をしている素朴な人々ばかりの国かといえば、実際はそう単純ではない。

医療と公立学校の学費は無料である。なんと学校では国語や歴史以外の授業は英語で行なわれており、リッチな家庭の子息は海外に留学することが多い。

鉄道はいっさいないが、首都ティンプーには意外にも高級な輸入車が多く、東南アジア諸国のようなボロい中古車を見かけない。これは自動車交通自体が普及してきたのが比較的最近なので、中古車市場がまだ成熟していないためだろう。

一般向けのテレビ放送とインターネットが入ってきたのは、1999年のこと。

ブータンのみやげもの屋さんには、国王夫妻のステッカーがいっぱい。

インドのテレビドラマやミュージシャンが人気だという。携帯電話も、ブータンでは最新の3Gが使えるし、町中ではiPhoneやiPadを使う若者も少なくない。

つまり、国全体では産業の基本が農業や牧畜のまま、重工業をすっ飛ばしていきなり海外の最新ITや金融業が入ってきたような状態なのだ。

地方に行くと、昔ながらの牧畜生活をする人はたくさんいる。不殺生と環境保護を重視するブータンでは、農薬も化学肥料も使わない。牛や山羊はいくらでもいるので、その糞《ふん》が肥料に使われている。

さらに、昔の日本では山奥に天狗や河童がいると信じられたように、手つかずの自然が残る山奥の地域では、雪男の存在を信じる人もいて、雪男の足跡の型といわれるものまである。ネパール語ではイエティ、ブータンではミゲと呼ばれる雪男は笹を食べると言われており、なんだかパンダのようだ。

大国から独立を守る王様はみんなのヒーロー

ブータンの人口は少ないが、それでも地域によって言語は違いが大きく、ときおり国内でも通訳が必要になる。山ひとつ越えただけで、まるで秋田弁と鹿児島弁のようにぜんぜん違う方言が使われていることもあるようだ。しかし、ブータン人の結束力は強い。イケメンかつ気さくな人柄で知られる現国王ジグミ・ケサル・ワンチュクは非常に人気が高く、アイドルのポスターのように部屋に国王の写真を貼っている人も少なくない。

ブータンは古来、中国とインドという2大国に挟まれてきたので独立を維持するのが大変だった。ブータンと近しい関係のチベットは、中国に併合されてしまっている。さらに、かつてネパールとブータンの間にはシッキム王国という小さな国があったのだが、ネパール系の移民が大量に増加して議会の主導権を握り、王室が権力を失った結果、1975年にはインドに併合されてしまった。

ブータンはチベットやシッキムがたどった道を避けるため、長らく外国人の流入を極度に抑え、鎖国に近い政策を続けて内部の結束を維持してきたのだ。平和なブータンも、もめ事がいっさいないわけではない。2003年にはインド政府とインド北部のアッサム州独立派の紛争が飛び火した。このときは、国王がみずから軍を率いてインドから侵入した過激派組織を果敢に撃退している。

先に触れたＧＮＨ（国民総幸福度）の理念も、単なる理想論ではなく、固有の自然や伝統文化を守らなければ、インドか中国に吸収されてしまうのを防ぐためなのだ。大国に対しては警戒心が強いのか、今もアメリカやロシアとは正式な国交がない。

こうしたなか、ブータン人は日本に対しては非常に好意的だ。１９６４年にブータンを訪れた植物学者の西岡《にしおか》京治《けいじ》は、現地での農業生産を飛躍的に拡大させ、のちに国王から爵位を授かった。多くのブータン人が西岡の業績に感謝しており、２０１１年の東日本大震災では１００万ドルもの義援金を日本に寄付している。

ブータンの代表的人物

ジグミ・シンゲ・ワンチュク

(1955年-)

第４代ブータン国王。イギリスに留学後、1972年に16歳で即位し、GNHの概念を作った。国内各地を歩いて国民と交流し、みずから立憲君主制への移行を進めて国王の定年制を定めている。2006年に退位し、息子のジグミ・ケサル・ナムゲル・ワンチュク現国王に地位を譲った。

モルディブ

世界一魚を食べる「カツオ節の島」の住人

DATA

首都：マレ
人口：34.5万人
面積：298km²
（淡路島の約半分）
言語：ディベヒ語
宗教：イスラム教

みんな顔見知りだから礼儀にはこだわらない

インドの南西に浮かぶモルディブは、ダイビングやヨットやサーフィンなどマリンスポーツ好きにはあこがれのリゾート地として有名だ。

モルディブでは、どこの家でも台所や浴室の蛇口が2つあり、片方は真水だが片方は塩水（浄化した海水）が出る。陸地がわずかな島国なので真水は貴重で、食器洗いも衣服の洗濯も最後のすすぎ以外は海水で行なうのだ。

国土は1200近い珊瑚礁《さんごしょう》の小さな島々からなるが、人口のじつに3分の1が、通称「町の島」ことマレ島にある首都マレに住んでいる。このため、マレは世界でもっとも人口密度の高い都市のひとつになっていて、人がすしづめ状態だ。

主要な施設はあちこちの小島に分散しており、それぞれが「飛行場の島」「病院の島」「刑務所の島」「農場の島」などと呼ばれる。

観光に力を入れているモルディブでは、明るくオープンな人が多いが、何かしてもらってもいちいち礼を言わない。また、借りた物もなかなか返さないといわれる。横着なわけではなく、狭い島国なのでみんな顔見知りが基本。ちょっと物やお金を借りたり、家に泊めてもらうのはおたがい日常茶飯事だから、わざわざ形式ばることもなく、返すのはいつでもよいと思っているようだ。

そんなモルディブの住民は、とにかく魚をよく食べる。FAO（国連食糧・農業機関）によると、2009年の日本人一人当たりの魚介類の消費量は年間56キロだが、モルディブは2倍以上の139キロで、ダントツの世界トップだ。とくにカツオの一本釣りがさかんで、モルディブ・フィッシュと呼ばれるカツオの燻《くん》製《せい》が名物となっている。これは日本のカツオ節のように表面にかびを生やす製法ではないが、一部では、日本のカツオ節はモルディブから伝わったという説もある。じつは日本のスーパーや魚屋で売っている「インド洋産」のまぐろやカツオも、モルディブから輸入されているものが少なくないのだ。

逆に、海産物以外の食材は乏しく主食の米は、そのすべてを輸入に頼っている。

お国柄がもっとわかる！
南アジアの人々のつぶやき集

インド・男性

会社の中では、カースト制は影響していませんよ。まぁ、外に出たら多少はありますけどね。

インド・女性

私は覚えていないんですが、小さいころから神様に「将来エンジニアになれますように」って祈っていたそうです。インドでは、エンジニアは男女問わずあこがれの職業ですから。

スリランカ・女性

小さいころ、テレビドラマの「おしん」を見て日本に行きたいと思いました。日本人の家族想いには感動しました。実際に来てみたら、「おしん」とはまるで違う世界でしたけど、それでも日本が大好きです。

ブータン・女性

日本のギャル系の服が好きです。でも、水着姿をフェイスブックにアップしたら、家族から「頼むから削除してくれ、他人に見せるもんじゃない！」と怒られました……。

エリア2
東南アジア

東南アジアMAP

南国らしく のんびり暮らす人々

宗教も民族も、さらに統治システムもさまざまな地域。

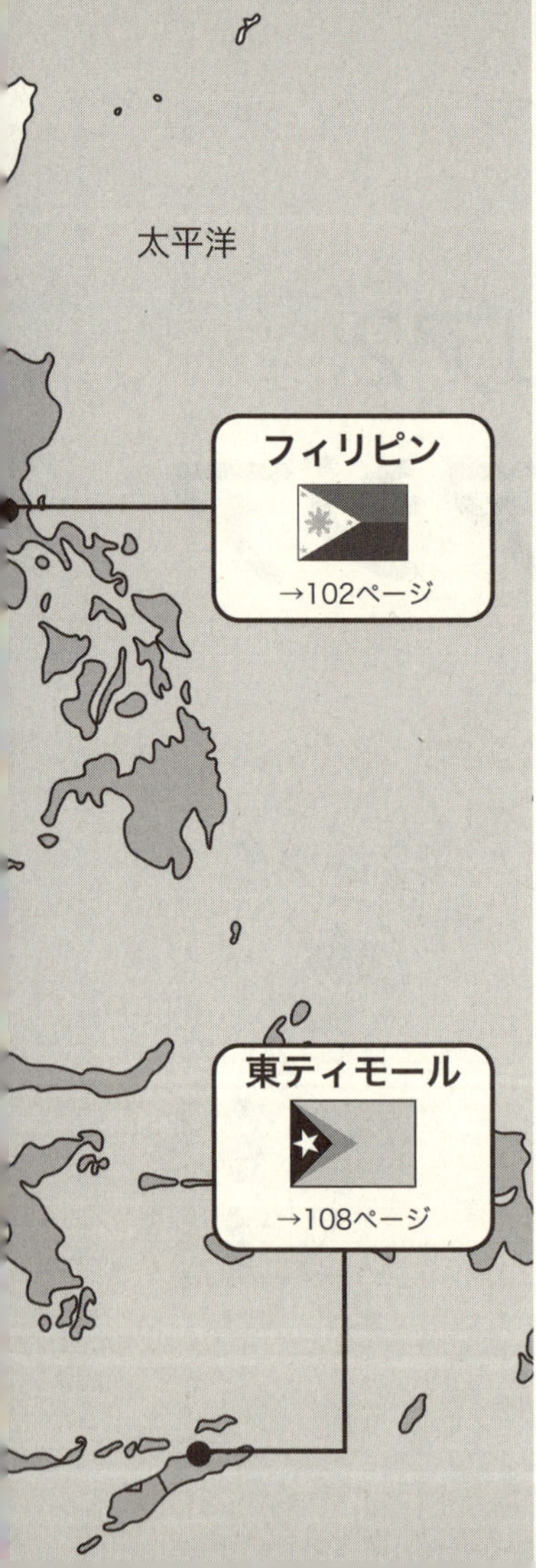

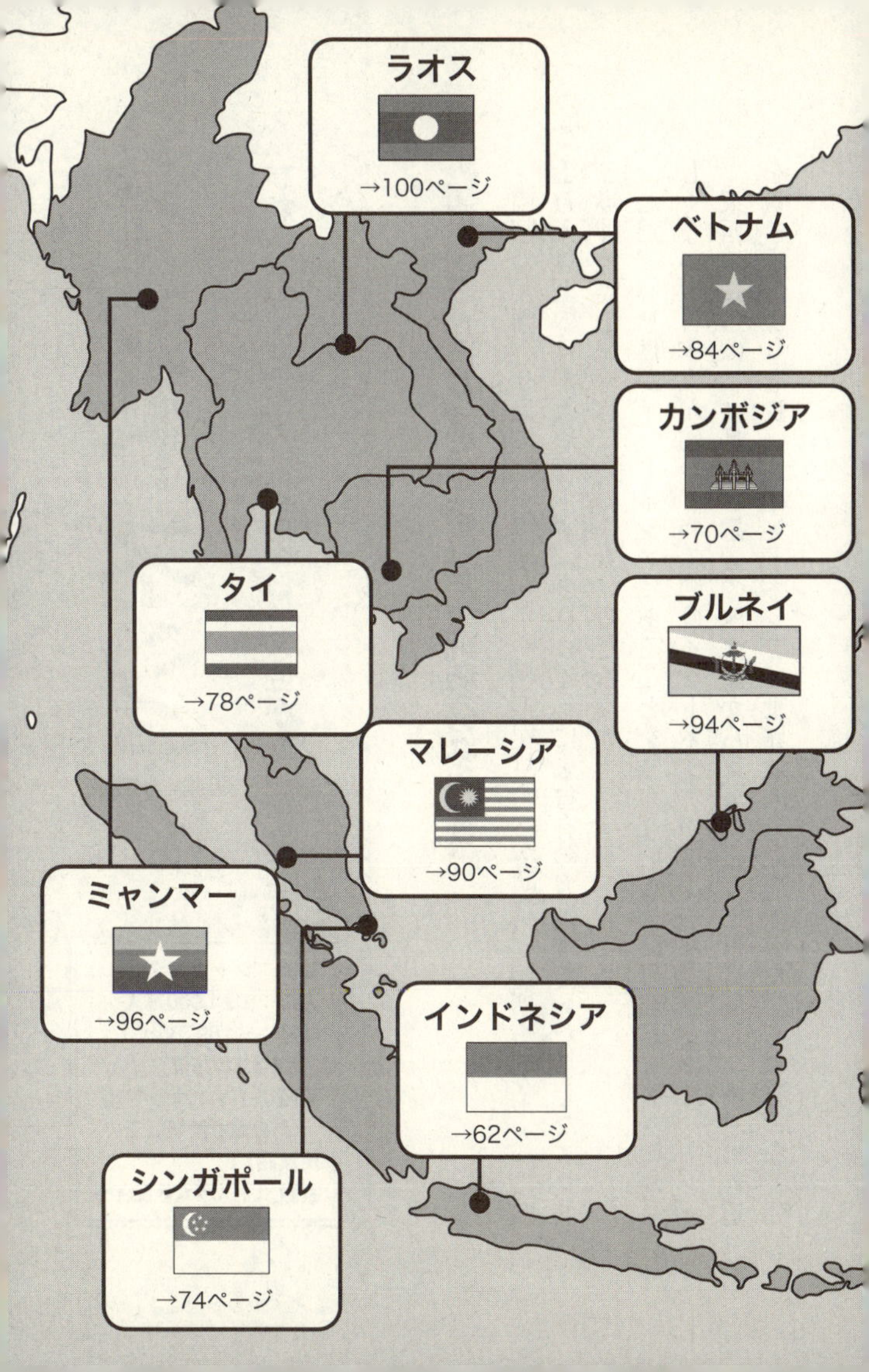

ラオス
→100ページ
ベトナム
→84ページ
カンボジア
→70ページ
タイ
→78ページ
ブルネイ
→94ページ
マレーシア
→90ページ
ミャンマー
→96ページ
インドネシア
→62ページ
シンガポール
→74ページ

インドネシア

かかあ天下でのんびり暮らし、女性がかがやく

DATA

首都：ジャカルタ
人口：2億4,900万人
面積：約189万km²
（日本の約5倍）
言語：インドネシア語
（ほか500種類以上の民族語）
宗教：イスラム教88.1%

島国だからこそ生まれた、究極の多様性

南国の楽園バリ島には、年間20万人以上の日本人が訪れ、首都ジャカルタには、1万人以上の日本人が暮らす。２００４年に未曾有の大被害をもたらしたスマトラ島沖地震を記憶している人もいるだろう。

ただ、バリ島がインドネシアにあることを知らないまま訪れる観光客もめずらしくない。日本人が知っているのはインドネシアのごく一部だけなのだ。

東西の長さはアメリカ合衆国の西海岸から東海岸までとほぼ同じ、南北は赤道を貫き本州よりも長い。インドネシアは世界最大の島嶼《とうしょ》国家だ。この広大な範囲

スカーフは戒律というよりファッションのため
バグース
BUGUS!!
女性が一家を支えるのも当たり前
ココナッツジュース
無数の島々
身内意識が強くてちょっと排他的な島国根性

に浮かぶ大小約6000もの島々に国民が暮らし、無人島まで含めた島の数は約1万3400という。多すぎて正確な数がわからないほどだ。そして、国土面積は世界15位だが、領海面積では中国やロシアを上回り世界3位の広さとなる。人口も世界4位という隠れた大国なのだ。

ただ、島々は海で隔てられているため頻繁な往来は難しく、300以上もの異なる民族が住んでいる。インドネシアの公用語はマレー語に近いインドネシア語だが、言語に関しては500種類以上もある。一方で、カリマンタン島、ティモール島、ニューギニア島には国境があり、海を隔てた隣の島より、隣の国のほうがよっぽど近い場合もある。

これだけ広いと、人々の暮らし方も千差万別。政府が「究極の多様性」と呼ぶほど各民族の暮らしを尊重しているため、島ごとに気質も暮らしもまったく違う。ジャワ島にあって、ビジネスの中心地である首都ジャカルタでは欧米的なシティライフを過ごし、バリ島ではサービス業が充実。スマトラ島では天然資源の採掘、その他無数の島々で暮らす少数の民族は、昔ながらの漁や農業でのんびり暮らしている。

焼き飯料理のナシ・ゴレンも、本来はバリ料理であってインドネシア料理の代表とはいえない。地域差がありすぎて「インドネシア料理などない」という説も

●主要民族ベスト10

1	ジャワ人	40.2%
2	スンダ人	15.5%
3	バタック人	3.6%
4	マドゥラ人	3.0%
5	ブタウィ人	2.9%
6	ミナンカバウ人	2.7%
7	ブギス人	2.69%
8	バンジャル人	1.7%
9	バリ人	1.7%
10	ササック人	1.34%

『東南アジアを知る事典』(平凡社)より

全体では300以上の民族があるといわれる。その多くがマレー系だ。

ある。

あえて全体的な国民性というなら「自由でマイペース、時間にルーズであまりものごとを深く考えない」といったところか。島国らしく、家族や地域など自分たちの生活エリア周辺は大事にするが、それ以上のことに関知しない。日本人がよく言われる「島国根性」に近いかもしれない。

イスラム教でも戒律はゆるめ

インドネシアは、世界最大のイスラム教国だ。国民の9割近い2億人以上の信者を抱えており、全世界のイスラム教徒数16億人のうち約16%を占めている。

もっとも、イスラム教発祥の地である中東に比べると戒律はゆるい。スマトラ島北部のアチェ人など、一部の強硬派をのぞけば基本的に穏健派で、他宗教に対しても寛容。信仰は自由なので、それぞれの民族が昔から継承してきた文化・習慣などと融合させている。豚肉を食べてはいけないが、飲酒はセーフという信者も多い。イスラム教に限らず、ヒンドゥー教の戒律もゆるめで、バリ島には牛を食べる人もいる。

また、女性が外出するときに頭に被るヒジャブというスカーフもほとんどせず、肌の露出も中東に比べると大胆。最近でこそインドネシアでヒジャブをつける若い女性が増えたが、これはテレビなどで芸能人がつけていたため。カラフルな色や柄のついたヒジャブを、ファッションの一部として取り入れているのだ。

イスラム教といえば一夫多妻制を認めることでも有名だが、現在日本のバラエティ番組で活躍するデヴィ夫人は、インドネシアの初代大統領スカルノの第3夫人だった。

ところで、スカルノも2代目大統領のスハルトも、フルネームだ。このようにインドネシアには姓のない人が多い。一方で現大統領のジョコ・ウィドドの通称はジョコウィと、姓があっても通称で呼ばれることが一般的。とくにジャワ人は、よく名前を変える。結婚したとき、就職したとき、または病気になったときなど、ことあるごとに縁起の良さそうな名前をつけるのだ。

もちろん、住民登録などで名前が一致しないと大変なので、固定した名前もあるが、呼び方に関しては自由。職場で呼ばれる名前と、近所で呼ばれる名前と、ムスリムの仲間内で呼ばれる名前が、すべて違うということもあり、まぎらわしいことこのうえない。

母系社会のせいで、女にあこがれる男たち

スラウェシ島では女装する男性「チャラバイ」を見かける。近年はインドネシア全体で女装男性が増えているが、これはニューハーフとはちょっと違う。チャラバイとは、女性の強さにあこがれ、男性であることを捨てた存在といえる。そして、女性の持つ権利と責任を背負うことへの決意表明でもあるのだ。

そもそもインドネシアでは、伝統的に女性の立場が強い。祖先を両親ともにさかのぼる双系制社会とはいえ、一家を支えるのが女性であることが多いためだ。

イスラム教国は基本的に男権社会といわれるが、インドネシアは違う。ジャワ島の田舎では、田植えや稲刈りなどの重労働も女性がこなし、男性は水牛を使って2〜3時間働くだけであとはのんびりしている。「財布のヒモを母ちゃんに握られていて、俺たちは飼われている水牛と同じさ」とボヤく男性もいるが、不満というわけでもないようだ。そして妻も夫に「働け！」と命令したりはしない。

西スマトラのミナンカバウ人の集落などは、強力な母系社会だ。ロングハウスと呼ばれる長屋作りの家を建てるときも、娘の数で部屋数を決めている。家の所有権は家長である女性にあり、管理はその女性の男兄弟が行なう。ただし、相続するのは家長である女性の子ども。その代わり、家長は自分の子だけでなく実家の姉妹の子どもすべての面倒を見る。

「我が子は膝の上に、甥《おい》や姪《めい》は手をとって指導する」ということわざもあるほどだ。これでは男性の立場が弱くなるのも仕方ないだろう。

都市部の富裕層なら、男性も社会的地位の高い仕事に就いていることが多く、家にはメイドを置くので、妻は家事から解放される。妻は余った時間で財テクしたり、会社経営をしたりで、夫より成功している場合だってある。女性が頼もしいからこそ、女性にあこがれを抱き、女装に走る男性が生まれてしまったのだろう。

言葉はわからなくても映像と音楽を楽しむ

東西に長く、アジア、ヨーロッパ、中東など幅広い地域の影響を受けたインドネシアでは、音楽や演劇、舞踊などもきわめて多様だ。

伝統的な民族音楽や民族舞踊などももちろん継承されているのだが、映画や音楽などでは、若者向けのポップカルチャーも受け入れられている。21世紀に入ると、ホラー映画『ジュランクン』や、高校生の恋愛を描いた『チンタに何が起こったの？』などの映画がヒットした。島ごとに言語が異なるため、インドネシア語で書かれた新聞や小説よりも、耳や目で楽しめるエンターテインメントが人気なのだろう。

全部で10局以上あるテレビ局では「シネトロン」と呼ばれる国産テレビドラマが製作されている。もともとは日本のアニメや海外ドラマを放送していたが、シネトロンが登場するとたちまちヒットし、恋愛ものからミステリーものまで幅広いジャンルのドラマが生まれた。

さらにオーディション番組も人気で、『インドネシアンアイドル』や『アジアバーサス』といった番組から、プロの歌手も誕生している。韓流や華流の次に来るのは、インドネシア（印尼）流かもしれない。

インドネシアの代表的人物

JKT48

ジャカルタに専用劇場を持つAKB48の姉妹グループ。

AKBのヒット曲のインドネシア語版を歌う。断食節のラマダンには公演を休止し、肌の露出も抑えめにするなどイスラム圏向けにローカライズされている。メンバーは現地採用だが、仲川遥《なかがわはる》香《か》など日本人メンバーも在籍する。

カンボジア

温和だが、じつはとてもプライドが高い

DATA

首都：プノンペン
人口：1,470万人
面積：約18.1万km²
（日本の約2分の1弱）
言語：カンボジア語
宗教：仏教（一部イスラム教）

生活がかかっていなければ、意外とのんびりしている

カンボジア観光の目玉といえば、世界遺産にも登録されている「アンコール遺跡」だろう。有名なアンコール・ワットをはじめ、約60もの主要な遺跡が残る東南アジア随一の遺跡群であり、日本からも多くの観光客が訪れる。

タイ、ベトナム、ラオスと接しているため食文化も多彩だ。「ソムロー」と呼ばれる酸味の効いたスープが定番で、朝は麺、夜は米料理を中心としている。

ただ、一般の観光客にとっては、アンコール遺跡以外の見どころがわからないことも多い。しかも、首都プノンペンからアンコール遺跡のあるシェムリアップ

までは、飛行機でも40分かかる。

そして観光客を相手に待ち構えているのが、客引きだ。ガイドの申し出から記念のおみやげ、安いゲストハウスの紹介など、外国人と見れば貧乏旅行中のバックパッカーでも気さくに声をかけてくる。

もっとも、こうした光景は東南アジアではめずらしいものではない。プノンペンでは子どもの物乞いも見かける。じつは、押しの強いのはあくまで生活のためであって、ふだんのカンボジア人はわりとのんびりしていて必要以上に他人に近づかない。

国民のほとんどが仏教徒で、新年の祝いとなる4月のチョールチュナムと、旧盆にあたる9月のボン・プチュン・バンには寺院に詣でる。1970年代に共産党の分派であるポル・ポト率いるクメール・ルージュにより、200万人もの住民が虐殺され、多くの難民を生んだ。そうした経験からか、警戒心が残っているのかもしれない。

ゴミは平気で捨てるがリサイクルも徹底的

かつてはマリファナ天国として知られたカンボジアだが、1996年からは法律で禁止され、取り締まりが強化された。タバコが安いので、それよりも安いマ

遺跡を前に欧米からのツーリストを乗せるバイクタクシー。

リファナを吸うのは、タバコも買えない貧乏人だと見なされる。外国人が違法なマリファナに手を出そうとすると「なんだタバコも買えないのか？　俺のマルボロ一本やるよ」と、同情されてしまうこともある。

21世紀になって景気も上向きになり、ようやく90年代まで続いた内戦の痛手から回復しようとしている。しかし、その分格差も生まれている。

たとえば、カンボジアといえば自転車タクシーの「シクロ」や四輪の「トゥクトゥク」が有名だが、最近は「バイクタクシー」が主流だ。そして、バイクを買うお金のないシクロ運転手との間で格差が広がっている。さらに裕福な層は、最新の自動車に乗り、大型スーパーでショッピングを楽しんでいる。

　また、カンボジアではゴミを分別する習慣がない。路上でも平気でゴミを捨て、ゴミ収集車も分別されていないゴミをそのまま積み込んで運んでいく。

　一方で、そんなゴミの後始末をするのが貧困層。プノンペン郊外のゴミ集積所ステミンチャイには、親を失って地方から出てきた少年少女がゴミで家を作ってスラム街を形成している。運ばれてきたゴミの中から、空き缶や空きビン、プラスチックなど、少しでもお金になりそうなものを選別し、それを売ることで収入を得ているのだ。この分別が徹底しているため、残るのはビニール袋と生ゴミくらいだという。

　もっとも、山のように積まれて発酵した生ゴミが、自然発火してひどい悪臭を放っており、大きな社会問題になっている。

カンボジアの代表的人物

ヘム・ブンティン
(1985年 -)

　北京オリンピックのマラソン代表選手。貧しい農家の出身で、5000 m、ハーフマラソン、フルマラソンでカンボジア記録を保持。しかし、ロンドンオリンピック出場基準を満たせず、カンボジア国籍を取得した日本のコメディアン・猫ひろしに代表の座を奪われた。

シンガポール

バイリンガルな仕事人間だが、「おまけ」に弱い

DATA

首都：シンガポール
人口：約540万人
面積：約716km²
（東京23区と同じ）
言語：マレー語、英語、中国語、タミル語
宗教：仏教、イスラム教、キリスト教、道教

Fine（美しさ）とFine（罰金）の国

東南アジアの中でもとりわけ景観がよい国として知られる、シンガポール。その根幹にあるのが厳しい法律だ。ゴミのポイ捨てや道路へのつば吐きで高額な罰金をとられたり、チューインガムの持ち込みが禁止されていることは日本でも有名だろう。また、「鞭打《むちう》ち刑」が現在も残されており、相手が外国人だろうが10代だろうが、法を犯すと罰金と懲役刑と鞭打ちが併用される。銃器の所持で禁固刑、麻薬の持ち込みにはとくに厳しく、問答無用で死刑だ。

こうした厳罰主義は世界的に批判を浴びることもあるが、政府側にももちろん

●合計特殊出生率の推移

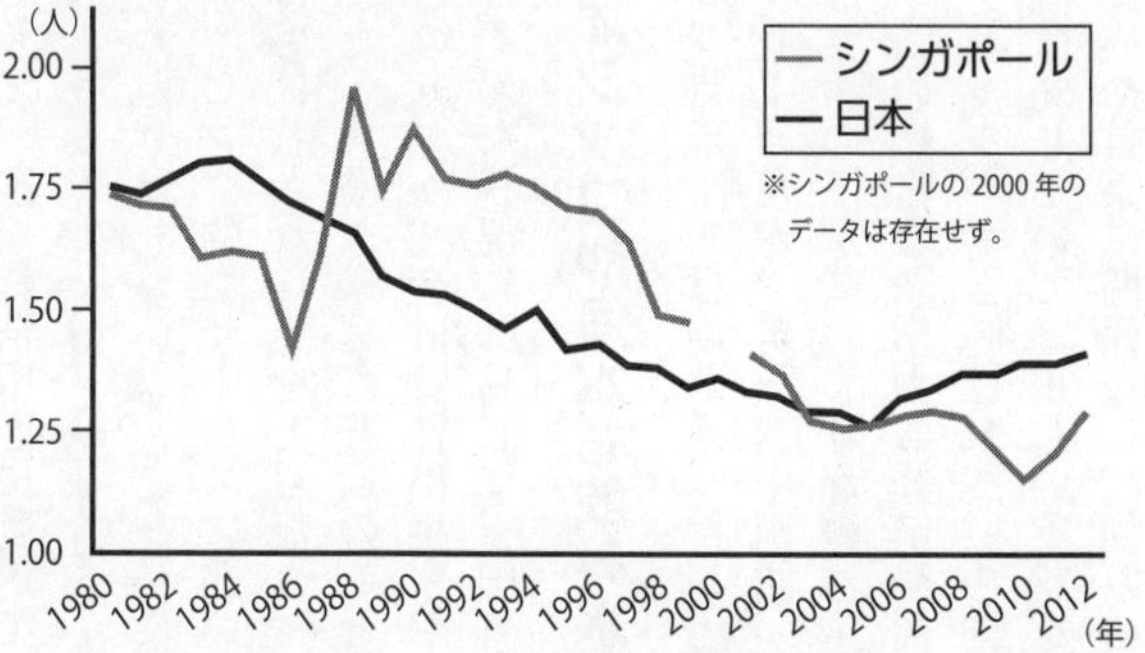

"WORLD BANK -Data Indicators" より

出生率（合計特殊出生率）が極端に低く、少子高齢化が進む。

言い分はある。「資源もなく国土も狭く、多民族が暮らすこの国で好き勝手をさせていたら、現在の経済発展はありえなかった」というものだ。

そして、国民もそんな方針に渋々ながらも従っている。日本だけでなく世界中の企業が進出して、経済的にも豊かなのは確かだからだ。

政府が建てた高層マンションに国民の85％が暮らしている。高層ビルが多いのは緑地面積確保のためであり、私営のマンションやコンドミニアムにも植樹が義務づけられ、枝を切るのにも届出が必要となっている。

インターネット人口も人口比73％で、世界トップクラスのＩＴ大国であり、携帯電話普及率も１５３％だ。

そして、国が経済中心に動いているためか仕事人間がたくさんいる。朝も昼もレストランなどで軽く済ませ、あまり食事に重きを置かない。お金はあるので値切ったりはしないが、「これを買ったら〇〇がついてくる」というテレフォンショッピング的なサービスに弱いのも特徴だ。ビュッフェ形式のお店が多いのも、お得感に惹《ひ》かれ「元をとらなきゃ」と考えてしまうところが垣間《かいま》見える。

また、共働き家庭も普通のことで、家のことはメイドさんにおまかせだ。働きすぎのせいか、合計特殊出生率が1・29と、日本以上に少子化が進んでいる。最近はそんな状況に辟易《へきえき》して、国外脱出を計画する人も少なくない。

オシッコや海水も飲み水にする?

シンガポールは中華系、マレー系、インド系が混在するモザイク国家だ。国語はマレー語だが、英語、中国語、タミル語が公用語として認められている。学校では英語のほかにいずれかの言語を学ぶので、国民は基本的にバイリンガルである。この豊富な語学力も経済発展の原動力といえるが、シンガポールの英語は「シングリッシュ」と呼ばれて、中国語とミックスされた独特の方言が強い。これを政府は恥じていて、正しい英語を話すように指導している。

民族や言葉に関係なく、悩みの種となっているのが水だ。シンガポールには水源がないため、雨水を貯めて使っている。熱帯地方で雨がよく降るとはいえ、500万人以上が使う水のすべてをまかなえない。そこで、半分以上をマレーシア国境のジョホール水道を介した輸入に頼っている。

ライフラインをマレーシアに握られたままでは政治的に弱いので、自前の水確保に取り組んでもいる。

その目玉とされるのが「ニューウォーター」と呼ばれる水。これは、100%の普及率を誇る下水道を利用し、下水を飲料水として使用できるまで徹底的にろ過処理したものだ。もとはオシッコだったと思うとかなり抵抗感があり「そんなもの飲めるか！」という意見も根強い。

そんな先端技術があるなら海水を真水に変えたほうが受け入れられそうだが、じつはそちらもすでに実行中。国民が水を求める気持ちは切実だ。

シンガポールの代表的人物

レスリー・キー

(1971年-)

松任谷由実、安室奈美恵、浜崎あゆみなど多数の人気アーティストのCDジャケットを手がけた写真家。日系企業の工場で働きながら写真を撮り続け、1994年に来日。東京ビジュアルアーツ写真学科を卒業し、雑誌、広告などで活躍。2012年に第40回APA経済産業大臣賞を受賞した。

タイ

日本人以上に断るのが苦手

DATA

首都：バンコク
人口：約6,593万人
面積：51.4万km^2
（日本の約1.4倍）
言語：タイ語
宗教：仏教94%、イスラム教5%

「NO」と言わないマイペンライ（大丈夫）精神

世界中から年間2000万人以上の観光客が訪れるタイは、東南アジアの玄関といえるだろう。日本人観光客も、150万人を超えてさらに増加中。日本にもタイ料理店は多く、トムヤムクンなどの辛い料理が女性に人気だ。主食が米だというのも、日本人には身近に感じられるところだろう。物価が安く居心地もいいということで、移住してしまう人も少なくない。

そんなタイのキャッチフレーズといえば「微笑《ほほえ》みの国」だ。タイ人はつねに笑顔を絶やさず、人当たりが良い。外国人への偏見なども少ない。ただ、タイ人の

サワディー クラップ
สวัสดี ครับ
人の頼みごとを断れないキラースマイル
年中渋滞で交通ルールを守る気がない
上座部仏教を信仰し、生涯に１度は出家する
バンコクの渋滞、世界トップクラス!!
ワットアルン

笑顔ばかりに気を取られていると、思わぬ落とし穴にはまることもある。

タイ人は基本的に断るということがない。どんな頼みごとでも「マイペンライ（大丈夫）」と気軽にOKしてしまう。それがどんな難しいことでもとりあえず引き受けてみる。そして、結果的にできなかったとしても、「やっぱり無理だったよ～」とまったく悪びれない。「マイペンライ」には「問題ない」「気にするな」といった意味もあるのだ。これこそ、細かいことを考えずに気楽にいこうという、タイ人気質をそのまま表した言葉なのだ。

もっとも、物の値段に、外国人観光客用、タイ在住外国人用、タイ人用の3段階があるなど、したたかな部分も持っている。そんな態度にイライラしてしまうと、お得意のキラースマイルでうやむやに……。ストレスを抱えている人ほど、そんなお気楽なタイの魅力に取りつかれてしまうともいえる。

王様とお坊様の言うことは絶対！

タイは世界有数の仏教国だ。日本に伝えられた大乗仏教とは違い、より戒律の厳しい上座部仏教を信仰しており、僧侶は尊敬の対象だ。国内に3万近くあるという寺院はほとんどが喜捨（寄付）で建てられていることからも、国民の信心深さがわかる。また、男性は生涯に一度は出家して托鉢《たくはつ》などの修行を積まなければ

首都バンコクで、僧侶たちに喜捨する女子大生。

ならない。僧侶になってはじめて、一人前の男と認められるのだ。

そして、タイの仏教の守護者となるのが国王だ。タイは現在でも君主制を敷いていて、「不敬罪」という法律があるほど、国民の国王に対する信頼は根強い。たびたび軍部のクーデターなどが起こる政情不安な国だが、王族に危害を加えたり、寺院を破壊したりすれば、どんな政権もたちまち支持を失う。

タイ語には、王語や僧語という尊敬語があり、一般の国民が王と話すときは王語、僧侶と話すときは僧語を使う。タイ語で「こんにちは」といえば「サワディー・クラップ（女性はサワディー・カー）」だ。最近の若者の間では省略して「ワッディー」という気軽な挨拶もあるが、目上の人に対しては失礼にあたる。ましてや王族や僧侶相手にこんな言葉で挨拶するなんてとんでもないことだ。

尊敬語は日本にもあるが、王語は国王、王妃、王族などでも使い分けが必要になる。国王に拝礼するさいには「お御足の埃《ほこり》の下より奉り、謹みかしこみ申し上げます」というように、普通の挨拶よりおそろしく長くなる。王語を使えないからといって不敬罪になるようなことはないものの、小学生から授業で習うので、間違えると「教養のない人」と思われてしまう。

また、タイには仏教徒だけでなくイスラム教徒も少数いるが、共通して信じられているものに、精霊（ピー）がある。タイで「子どもの頭を撫《な》でてはいけない」というのは有名な話だが、これも頭が神聖なもので体内のピーが逃げてしまうと考えられているからだ。

ピーは信仰というよりも言い伝えのようなもので、万物に宿っているとされる。『妖怪ウォッチ』の大流行で、なんでも妖怪のせいにする日本の子どもと同じで、ある現象が起こると「ピーの仕業《しわざ》だ」と考えられるのだ。

ニューハーフでもくじ引きで軍隊へ

タイは、ニューハーフが多いことでも有名だ。「カトゥーイ」と呼ばれる元男性が、デパートやレストランで普通に働いている。性転換手術が多いことからその分野の技術力が高く、日本から手術を受けに来るというニューハーフも多い。

女性の中には驚くような美人もいるが、日本人の美意識からするとメイクが濃すぎて派手に見えることも多い。ただ、タイでは化粧が濃いほど美に投資していると考えられる。化粧品を大量に使うのは、女子力が高いことの証明でもあるのだ。

一方でタイには、兵力確保のために徴兵制が敷かれている。しかも、全員に課せられるわけではなく、くじ引きで決められる。兵役は2年だが、国境警備など危険な任務に就く可能性もある。

このくじ引きは、戸籍上は男性であるニューハーフにも例外なく実施される。カトゥーイたちが当たりくじをひいて「いやーん」などとかわいらしく落ち込んでいるのもご愛嬌《あいきょう》だ。ただし、実際にはカトゥーイは兵役免除になるようだ。軍隊にとっては頭の痛い話かもしれない。

タイの代表的人物

プラユット・チャンオチャ

(1954年 -)

タイの陸軍司令官。長期政権を築いたタクシン元首相一族に反発するデモから引き起こされた混乱の収束という名目で、2014年に軍を率いて戒厳令を発令。憲法を停止してクーデターを引き起こしたが、国王の任命により、正式に第29代首相に就任した。

ベトナム

几帳面で愛国心が強い若者国家

DATA

首都：ハノイ
人口：約9,170万人
面積：32.9万km^2
（日本の約0.9倍）
言語：ベトナム語
宗教：仏教、カトリック、カオダイ教、ホアハオ教

社会主義国でもiPhoneブーム

80年代からはじまったドイモイ（刷新）政策により市場経済を導入し、90年代から急成長を続けているのがベトナムだ。社会主義国ではあるが、西側諸国とも積極的に交流し、GDPが一人当たり1800ドルに達し、中所得国になった。大躍進が見込まれる新興国として、VISTA（ベトナム、インドネシア、南アフリカ、トルコ、アルゼンチン）のひとつに数えられている。

急成長の原動力ともいえるのが若い力だ。総人口の55％を29歳以下が占め、労働人口も半分を超える。この若さが活力を生み、貧しさから脱出しているのだ。

●アジア諸国のネット利用者増加率（2000年～2010年）

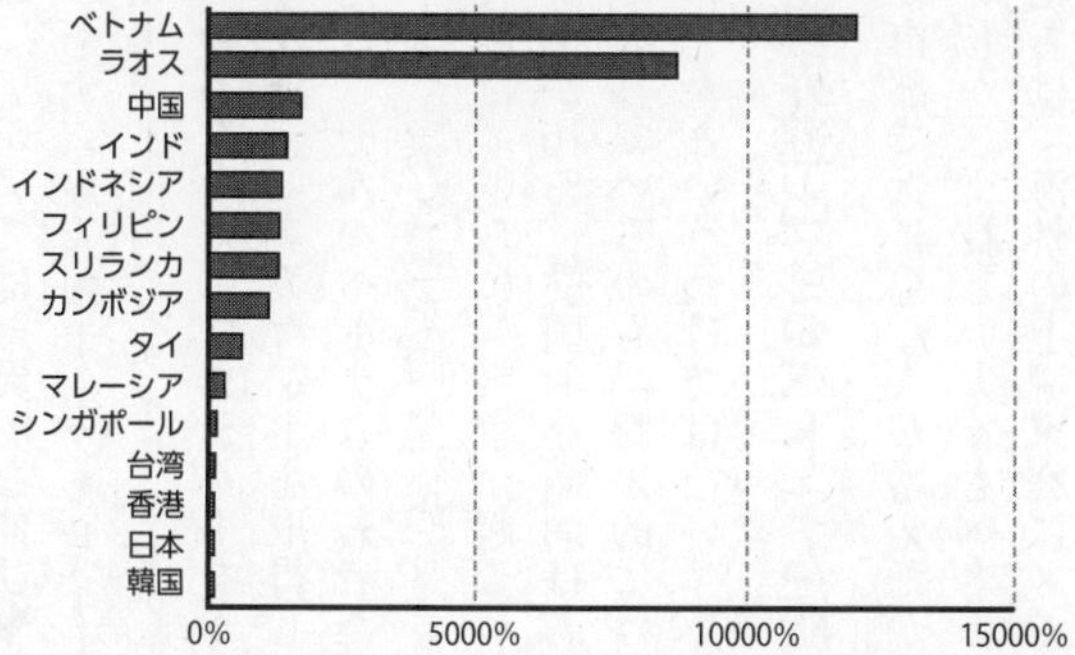

www.internetworldstats.com より

ベトナムの増加率は圧倒的で、10年間でなんと120倍になった。

ベトナム戦争を知らない現代っ子たちは、かつて敵国であったアメリカへのわだかまりもなく、英語を学び、ｉＰｈｏｎｅやｉＰａｄをいとも簡単に使いこなしている。

ハノイ市やホーチミン市などの大都市では、携帯電話を２～３台持つのが当たり前で、プライベート用、仕事用、ファッション用と使い分けて、つねに最新機種を持ちたがる傾向が強い。

国としてもＩＴ立国を目指しており、ネット環境の整備には力を入れている。２０００年以降の10年間でインターネット利用者の増加率は１２０倍にもなる。

ネット普及率は43・９％とまだ半分にも満たないが、それでも３０００万人以上の人が気軽にインターネットに接続できる。アジアでは驚異的な伸び率だ。

ベトナム最大のポータルサイトは「Zing.vn」で、同サイトの運営するSNSも利用率1位。「フェイスブック」は2位だが、じつはベトナムではフェイスブックへのアクセスにプロテクトをかけている。しかし、若者たちはそんな壁をあっさりと越えてアカウントを取得し、自由に発言している。

ただ、そんなベトナムの若者たちも、愛国心がまったくないというわけではない。「自国のことを誇りに思う」という人が97%もいる。日本では54%とその半分程度だ。さらに「戦争が起こったら国のために戦う」という人も94%。日本人はわずか16%。愛国的な傾向は若者たちにも残っている。先進国の技術や文化を受け入れているのも、「将来的には国のため」という意識が強いようだ。ただのネットオタクというわけではない。

世界進出するベトナム版「おしん」

都市部では裕福な人が増えたが、地方には貧しい人も多く、格差が広がっている。しかし、貧しい人々もベトナムのグローバル化に貢献している。農村部の女性たちは、海外の上流家庭にメイドとして派遣され、出稼ぎをしているのだ。

この収入がばかにならない。地域のパート程度だと月20～30万ドン（約

2000円前後）だが、台湾などでは1年目でその10倍、2年目には20倍になる。たいていは2年契約なので、一度行ってくると地方なら家が建てられる。政府にとっても、貧困層の仕事確保と外貨獲得の一石二鳥と喜んでいる。

ちなみに、ベトナムでは家事手伝いやメイドのことを「おしん」という。語源になっているのは、日本で1983年に放送されたNHKの朝の連続テレビ小説だ。『おしん』は日本だけでなくアジア各国でも大ヒットを記録した人気ドラマだが、「お母さん、来月からおしんに行ってくるね」と、仕事の名前にまでなっているのはめずらしい。

最近は国内の富裕層がメイドを雇うようになってきたので、都市部でも働けるようになった。そこで仕事内容も「ベビーシッターのおしん」「家事のおしん」、住み込みではない「アルバイトのおしん」など細分化されている。

家事・育児から解放された富裕層は優雅なものだが、旧正月のテトになると悲鳴をあげる。おしんが正月休みでいっせいに帰省してしまうためだ。ベトナムは宗教に対する意識は低いほうだが、それでもテトは全国民にとって重要な休みなのだ。おしんに頼ってばかりいると困ることになる。

さて、ベトナム人は東南アジア諸国の中では几帳面なほうだ。乗り物を待っているときもきちんと列を作るし、礼儀正しく穏やかでまじめ。ただ、結婚式に招待された場合は、時間通りに行かない。これはルーズだからではなく、あえてそうしているのだ。

ベトナムの結婚披露宴は招待客が多いが、友人のスピーチもケーキカットもないただの会食だ。そこで時間ピッタリに行くと「そんなに早く食べたいのか」と卑《いや》しい人だと思われてしまう。だから人が集まり始めるのが30分過ぎ、実際に会食がはじまるのは1時間遅れというのが当たり前だ。そして食事会が終わったらさっさと席を立って帰る。いつまでもダラダラといると、やはり失礼となる。流れ集合、流れ解散というのがベトナム人の「粋《いき》」となるようだ。

中国文化の影響と中国への複雑な感情

アメリカやフランスなど、大国とばかり戦争してきたベトナムだが、もっともつきあいの長いのは中国だ。中国からは「越国」や「越南」と呼ばれ、たびたび侵攻を受け、朝貢する時代もあった。ベトナム戦争終結後、すぐに中国が侵攻して「中越戦争」が起こったが、1カ月ほどで撃退している。同じアジアの社会主義国同士なのに、現在も領土問題などで衝突しており、反中デモもたびたび発生する。ただし、仲が悪いだけでなく、中国から伝えられた文化も多い。

ベトナムには仏教徒が多いが、東南アジアに多い上座部仏教ではなく、大乗仏教だというのも中国の影響だ。現在はほとんど見ないが、ベトナムは漢字文化圏に入り、漢字のわかる人も少なからずいるのだ。

ベトナムの民族衣装といえばアオザイが有名だが、じつはこれも中国のチャイナドレス（旗袍《チーパオ》）がモデル。19世紀に中国文化に傾倒していた国王が、清の宮廷衣装をまね女性にズボンをはかせたのがはじまりという。現在のような形ができあがったのは1940年代で、比較的最近のことだ。

ベトナム料理といえばフォーや生春巻きなど、米粉を使ったものが多いが、これも中国南部の米食文化の影響だ。フランス植民地時代に洗練されて食べやすくなったが、中華料理好きなベトナム人も多い。ベトナムには「日本人と結婚して、中華料理を食べて、ヨーロッパの家に住むのが最高の幸せ」ということわざがある。これも、ヨーロッパや中国との歴史的な関係性が生み出したようだ。

ベトナムの代表的人物

ダン・タイ・ソン

(1958年 -)

ハノイ出身のピアニスト。ベトナム戦争中、防空壕で紙の鍵盤をたたいて練習していたといわれる。1980年の第10回ショパン国際ピアノコンクールで、東洋人としてはじめて優勝を飾り、あわせてマズルカ賞など各賞を独占。「ショパンに愛されたピアニスト」と呼ばれる。

マレーシア

のんびり？ 堅実？ 気質も多民族

DATA

首都：クアラルンプール
人口：約2,995万人
面積：約33万km^2
（日本の約0.9倍）
言語：マレー語（国語）、中国語、タミル語、英語
宗教：イスラム教61％

履歴書のような名刺で挨拶を交わす

大陸とつながるマレー半島とボルネオ島（インドネシアではカリマンタン島）を中心とした周辺の島々からなるマレーシア。もとが別の国だったため、マレー半島とボルネオ島との往来には、国民でもパスポートが必要になる。

近年めざましい発展を遂げており、天然ガスやゴム、レアアースを産出するほか、家電やデジタル機器などを輸出する技術立国となっている。クアラルンプールや、ペナン島、ランカウイ島などの観光地が知られているが、日系企業の技術協力で赴任している日本人ビジネスマンも多いことだろう。

サイバージャヤには、このような近未来的な住居群がたくさんある。

マレーシアの高度経済成長の背景には、かつての日本と同様に、先進国の高い技術力を吸収していったことがある。日本からもODAだけでなく、多くの企業が進出している。コピー商品の生産拠点という汚名を被ることにもなったものの、技術吸収能力では世界一といわれた。

現在は、情報産業都市サイバージャヤや、新行政都市プトラジャヤを建設し、首都機能を移転している。

飛ぶ鳥を落とす勢いのマレーシアでは、ビジネスマンの名刺も自信満々だ。日本なら名前と役職と会社のアドレス、電話番号くらいだが、マレーシアはさらに細かい。基本的にマレーシア人には姓がなく、父親の名前を併記する。名前で「○○の息子（娘）の××」とお父さんの名前までわかる。さらに名前の下には、出身校や出身学部、持っている資格まで細かく書かれている。まるで履歴書のようで、名刺一枚でその人となりが把握できるようになっているのだ。

最近は簡単な名刺も増えたが、名刺に書かれたものはその人物の努力の結果でもある。受け取ったほうもその情報を尊重するのがマナーだ。また、マレーシアでは王室関係者や功績のあった人に称号が与えられ、敬称が違う。名刺に称号が書かれていた場合は、称号に合わせた呼び方が必要になるだろう。

優遇されても今ひとつ伸び悩むマレー人

マレー系、中華系、インド系が混在するマレーシアは、13の州が集まった連邦で、国王は9つのスルタン家から5年ごとに選出される。もっとも国王はシンボル的存在で、政務は議会と内閣が取りしきる議会制民主主義の国だ。

マレーシア人の性格はいたって温和。初対面でもきわめて友好的で、たがいに助け合おうという連帯感が強い。大半がイスラム教徒で、一日5回の礼拝を欠かさず、お酒も飲まず、ラマダンもきちんと守る。聖地巡礼のためにコツコツと貯金するつつましい人たちだ。ただ、それはマレー系の話で、中華系になると、シビアだという。のほほんとしたマレー系とくらべて、中華系（華人）は万事に細かく商売上手といわれ、マレーシアの富裕層は華人が中心になっている。

マレーシアは多民族国家だが、民族間の交流があまりなく、ほとんどの民族が個々別々に暮らしている。宗教も中華系は仏教、道教、インド系はヒンドゥー教で、テレビのニュースもマレー語、中国語、タミル語、英語で放送されている。

もともと住んでいたのはマレー系であり、マレーシア政府は先住民（ブミプトラ）保護のための優遇策をとってきた。とはいえ、マレー系の人々は競争意識に乏しく、あまり格差が埋まっていない。中華系も、もとは労働力確保のために連れて来られた奴隷だったという経緯がある。苦労して成功したのに、マレー系ばかり優遇されることに反発を覚えている。堅実でまじめな中華系、のんびりでマイペースなマレー系と、どちらがつきあいやすいかは、意見の分かれるところだろう。

マレーシアの代表的人物

ミシェール・ヨー

(1962年-)

ミス・マレーシア優勝後、香港でミシェール・キングとして女優デビュー。ジャッキー・チェン作品のほか、数々のアクション映画で主演を務め、1997年には007シリーズのボンドガールに選ばれハリウッド進出。2013年マレーシア国王より「Tan Sri」の称号を授与された。

ブルネイ

天然資源のおかげで、ガツガツしていない

DATA

首都：バンダルスリブガワン
人口：39.9万人
面積：0.6万km^2
（三重県とほぼ同じ）
言語：マレー語
宗教：イスラム教67%、仏教13%、キリスト教10%

もう陸には上がれない快適な水上生活

マレーシアとインドネシアがその大半を分割支配する、ボルネオ島。その北西部、マレーシア側の片隅にある小さな国がブルネイだ。正式国名のブルネイ・ダルサラームとは「永遠に平和なブルネイ」という意味になる。

観光などで訪れる人は少なく、入場料が非常に安い巨大遊園地ジュルドン・パークも集客は今ひとつ。ただ、この国は豊富な天然資源のおかげでとってもリッチだ。スルタン（国王）の資産は2兆円とも3兆円ともいわれ、外国からのODAなど受け取らず、技術援助のみでやっていけるのだ。

そんなブルネイの人々は、基本的には穏やかで温和。外貨収入のほとんどは王室に入るが、それへの批判も出ない。所得税はなく、医療費も教育費も原則無料（医療費は一部負担）と、福祉が充実しており、バスも基本的に1ブルネイドル。ほとんどの国民が車を持っているという、優雅な暮らしを享受しているからだ。

このように経済的に困らないためか、ガツガツしていない。国民の大半を占めるマレー人にはイスラム教徒が多いため、国内ではアルコールの販売が禁止され、夜遊びできるような場所もない。主食はアンブヤットというデンプンの粉を練って水飴のようにしたものでいたって質素。物欲も少なく、一部の先住民は相変わらずロングハウスに暮らしている。そして、首都の人口6万人のうち約半分が、ブルネイ川の水面に家を建てた水上集落で暮らす。水上集落ができたのは、土地が買えないからではなく、暑さ対策のため。電気も水道も通って、学校やモスク、ガソリンスタンドまであるひとつの水上の町となっている。

政府は、空調の行き届いた住宅を陸地に建て、そこで住むように促しているが応じる人は少ない。暑い東南アジアでは、水上のほうが居心地が良いのだ。

とはいえ、そんな優雅な暮らしもいつまで続くかわからない。石油資源の枯渇が目前に迫っており、近年は財源も引き締め傾向。ただ、やはりのんびりな性格のためか、あまり危機意識は高まっていないようだ。

ミャンマー

お米と占いが大好き。日本人っぽい!?

DATA

首都：ネーピードー
人口：約5,141万人
面積：約68万km²（日本の約1.8倍）
言語：ミャンマー語
宗教：仏教90%、キリスト教、イスラム教

名づけも結婚も占いで決める八曜日占い

日本人にもっとも近いといわれるのが、ミャンマー人だ。温和で周囲への気配りを忘れず、教育熱心で素直だという。お米を食べるというところも似ている。一人当たりの米の消費量は日本の3倍以上、年間約180キロにもなる世界有数の米消費国だ。90％近くが敬虔《けいけん》な仏教徒（上座部仏教）で、いたるところに寺院がある。

ただし日本と決定的に異なるのは、公式に認められているだけで135もの少数民族が暮らす多民族国家であるということ。もっとも多いビルマ族が7割近い

とはいえ、ひとくくりにできるものではない。米の消費量が多いのも、独裁政権への制裁措置などで輸入が制限され、自給できるお米を食べるしかなかったという事情がある。

そんなミャンマー人が、共通して好きなのが占いだ。日本人も手相や四柱推《しちゅうすい》命《めい》、血液型占いや星座占いなど占い好きだが、ミャンマーでとくに人気があるのが曜日占い。

八曜日占いの各曜日には、それぞれ方角と守護動物、そして星が決まっている。

東南アジアでは広く知られている占い方法で、日本と同じ七曜ではなく八曜に分割されている。水曜日を午前と午後に分け、それぞれ別の曜日で数えるのだ。水曜日の午後を「ヤフー」という。

日本で自分の誕生日を曜日まで覚えている人は稀《まれ》だが、ミャンマーでは知っていて当たり前だ。なぜなら名前をつけるときにも生まれ曜日にちなんだ名前がつけられるから。このため、ミャンマー人は名前を聞けば、その人の生まれ曜日がすぐわかる。建国の英雄アウンサン将軍は頭文字がAで日曜日生まれ、その娘でノーベル平和賞を受賞した民主化運動家アウンサンスーチーは、Sが入っているので火曜日生まれといった具合だ。

それぞれの曜日には方角とシンボルがあり、性格も違うとされている。たとえばやたらと陽気で人づきあいがいい人には「水曜日生まれでしょ?」とか、マイペースで孤高を保つ人は「あの人は土曜生まれだから」などと言われる。日本の血液型占いと同じで、もちろんそれぞれに相性もある。日曜生まれは木曜生まれと相性がよく、逆に水曜(午前)生まれとは相性が悪いとされる。

この相性を気にする人が多く、男女間で相性の悪い組み合わせだと、結婚を反対されるという事態にもなりかねない。そんなトラブルを回避する方法もあり、一度同居した後に別居して、一時的に離婚した形にするのだという。相性が悪いことによって起こる不幸をあえて先にやってしまい、現実には訪れないようにする。面倒なことだが、当事者たちにとっては一大事である。

国民にとってはどうでもいい国名

ミャンマーはかつて、ビルマと呼ばれていた。日本ではミャンマーだが、メディアによっては「ミャンマー(ビルマ)」としているところもあるし、イギリスやオーストラリアは現在もビルマと呼ぶ。いったいどちらが正しいのか？

そもそもミャンマーというのは、１９８９年に誕生した軍事政権が名づけたもの。首都も大都市のヤンゴンから、新たに建設したネーピードーに移してしまった。国連や日本は、軍事政権が自発的に民主化することを期待してミャンマーの呼称を認めたが、独裁を認めない国は今でもビルマといっているわけだ。

では、肝心の国民はどう思っているかというと、そんなに気にしていない。民主化を推進する人々は認めていないが、もともと原音に近いのはミャマーで、これはビルマの由来となるバマーと意味は同じ。ミャマーが文語でバマーが口語といった程度の違いしかない。世界では「ニッポン」と「ジャパン」のように、まったく違う呼ばれ方をしている国もあるので、気にしても仕方がないのだ。

ミャンマーの代表的人物

アウンサンスーチー

(1945年 -)

３歳のときに父を失い海外で生活。帰国後は民主化運動に身を投じるも、何度も自宅軟禁を強いられる。その後も活動を続け、1991年にノーベル平和賞受賞。軟禁を解かれると国民民主連盟（NLD）を結党し、2012年の補欠選挙で43議席を獲得し、民主化を推進している。

ラオス

素朴でつつましく、我慢強い

DATA

首都：ビエンチャン
人口：約660万人
面積：24万km^2
（本州の面積とほぼ同じ）
言語：ラオス語
宗教：仏教

シンプルなエコライフを送る奥ゆかしい慎重派

「アンコール・ワットのような壮大な遺跡があるわけでなし、エメラルドグリーンの海もない。トムヤムクンのような名物料理があるわけでもない」――政府の観光部からしてこんな弱気な発言をするラオス人は、周囲を中国やタイなど5カ国に囲まれた内陸の小国のためか、内向的だ。素朴で奥ゆかしく「食べてゆければいい」と、あまり多くを求めず、自分と身内の幸せを優先する。

「犬を踏んで出かけ、蛙を踏んで帰る（犬がまだ寝ている早朝から、蛙が鳴く夜まで働く）」「背中は空に、顔は地面に（農作業の姿勢）」「9回我慢、9回忍耐、金の棒が得られるまで」など、農業と忍耐に関することわざがやたらと多いのも、人口の8割近くが農民という社会主義国らしさだろう。

もっとも、メコン川流域に建設された水力発電所は、周辺各国に電気を供給しており「東南アジアのバッテリー」とも呼ばれている。川沿いの森林から採れる木材も重要な輸出財源だ。最近は中国が進出してきて多くの雇用を生んでいるが、安い賃金でも文句を言わずに働く。国としてのポテンシャルは低くない。

近年、かつてのラーンサーン王国の首都だった「ルアンパバーン」と、クメール遺跡のある「ワット・プーと関連古代遺産群」が世界遺産に選ばれたことから、観光客も増加している。とくに、素朴な人々とのふれあいを求めるバックパッカーや、手つかずの大自然に心癒されたいエコロジストが訪れている。高級ホテルや有名レストランがあるわけではないが、そんな「ありのまま」の姿が受け入れられるようになってきた。

ちなみに、高地を利用してコーヒーを作っているが、ラオス人は「頭が痛くなる」といってあまりコーヒーを飲まないという。ただ、カフェなどでおやつ感覚で楽しむ人もいる。おもしろいのが、焙煎したコーヒー豆に焦がした砂糖、炒《い》った米、マーガリン、酒などいろいろなものを混ぜることだ。「酸っぱいレモンジュースも水で薄めれば飲める」と考えるのが、ラオス人の我慢強さなのだろう。

フィリピン

フレンドリーだが、意外とマナーにうるさい

DATA

首都：マニラ
人口：約9,234万人
面積：29.9万km^2
（日本の約0.8倍）
言語：フィリピノ語、
ほか英語など80前後
宗教：キリスト教93%、
イスラム教5%

シェスタもする東南アジアのラテン系

東南アジアと聞いて、日本人がもっともイメージするのはフィリピンだろう。東南アジアの中ではもっとも日本に近く、日本で流通するバナナの80%はフィリピン産だ。中世にはルソン島が南蛮貿易の中継地点だった。

マニラの猥雑《わいざつ》な街並み、セブ島でのビーチリゾート。日本に出稼ぎに来る女性もいれば、反対に日本から遊びに出かける観光客も多い。ショッピングでは値引き交渉が当たり前で、料理のテイクアウトは何でもビニール袋に入れる、といった感じだ。政情不安で、汚職が横行しているというイメージもあるかもしれない。

そんなフィリピンだが、東南アジアの縮図であると同時に、独特な国でもある。まず、ほかの東南アジア諸国と大きく違うのは、仏教でもイスラム教でもないキリスト教国という点。大半がカトリックの信者なのだ。

これは1521年のマゼラン上陸以降、300年以上スペインの植民地であったことによる。その後、19世紀にアメリカの支配を受け、戦時中は日本軍に占領された。フィリピンでは、スペインを植民地支配の悪役ととらえ、アメリカは解放者として親しみを持つ傾向がある。フィリピンの軍事顧問だったマッカーサーが、日本軍が侵攻した際に、「I shall return.（わたしは戻ってくる）」と言い残して撤退したのは有名な話だ。若者はアメリカ文化にあこがれている。しかし、被支配の歴史が長いだけあって、文化的にはスペインの影響が多く見られる。

フィリピン人の性格はとにかく明るく、熱しやすく冷めやすい。社交的で外国人にも気さくに話しかけるが、気まぐれであまり人の話を聞かない。WHOの調査では、10万人あたりの自殺率が日本の10分の1ほどしかない。自殺を禁じているイスラム圏を除けば、アジアでは突出して少ない。まさにラテン系のノリなのかもしれない。

また、スペイン統治時代の名残としてシエスタの習慣がある。フィリピンではお昼休みは2時間とるのが当たり前だ。本家スペインのように自宅に帰ったりはしないが、デスクにうつ伏せになってしばらく昼寝をする。

それから、午前10時と午後3時には軽食の時間(ミリエンダ)も欠かせない。フィリピンでは一日5食が当たり前で、ビスケットやかき氷の「ハロハロ」などの軽いおやつから、焼きそばのような「パンシットカントン」などのガッツリ系まで、さまざまな料理がある。ただ、スペイン料理、中華料理のほか、周辺地域の影響が大きいので、フィリピン独自の料理として代表的なものは挙げにくい。

またフィリピン人は、野菜をほとんど食べない。一人当たりの年間摂取量が14キロほどで、WHOが目標とする年間摂取量109キロには遠く及ばない。これは、熱帯で野菜が育ちにくいせいだ。雨季があり、さらに台風被害を受けることもあり、野菜の育成はリスクが高くて農家も手が出せないのだ。とはいえ、一日5食で野菜不足では肥満の心配も当然かもしれない。

撮った写真をすぐアップする、世界一のセルカ好き

日本では、定期的に子どもたちの間でブームになるオモチャのヨーヨーには、フィリピン起源説がある。16世紀半ばに、刃物などをツルで作った紐《ひも》で結《ゆ》わえ、樹の上から獲物めがけて一気に落とし、その反動で巻き上がる武器として使われていたのがはじまりだという。それが玩具となってアメリカで流行したというの

●セルフィー（自撮り）のさかんな都市ベスト10

順位	都市
1位	フィリピン・マカティ市（258人）
2位	アメリカ・ニューヨーク市マンハッタン（202人）
3位	アメリカ・マイアミ市（155人）
4位	アメリカ・アナハイム市（147人）
5位	マレーシア・プタリンジャヤ市（141人）
6位	イスラエル・テルアビブ市（139人）
7位	イギリス・マンチェスター市（114人）
8位	イタリア・ミラノ市（108人）
9位	フィリピン・セブ市（99人）
10位	マレーシア・ジョージタウン市（95人）

（"Time" 誌の記事より）

写真共有サービス・インスタグラムの情報をもとに、分析している。

だ。

玩具といえば、最近の子どもたちにとっては携帯電話も玩具のようなものだろう。近年は世界中の人が携帯カメラで撮影した写真をブログやSNSにアップしている。また、スマートフォンで自分を撮るための「セルカ棒（自撮り棒）」も大流行した。欧米ではセルカ棒は「セルフィースティック」と呼ばれている。

じつは、この「セルフィー（自撮り）」がもっともさかんに行なわれているのがフィリピンだ。アメリカのタイム誌が、写真共有サイト「インスタグラム」に位置情報とともに投稿された回数を、人口25万人以上の都市を対象に調査した。

その結果、人口10万人当たりでもっとも投稿数が多かったのが、マニラ首都圏の経済都市マカティとなった。マカティは、インテルやマイクロソフトなどが進出しており、「フィリピンのウォール街」とも呼ばれている。

近年は中国の労働賃金の高騰でフィリピンに進出する海外企業が多く、首都圏では携帯電話を持つ人も増えている。とくに海外企業で働く人にとってはスマートフォンも必携のアイテムで、ついている機能をフル活用しているようだ。

ちなみにこの調査では、2位がニューヨークとなっている。大都市の多いアメリカが総合的には1位となるのは当然だろう。ただ、観光地のセブが9位に、行政都市のバギオが16位に入っている。インドネシアやマレーシアもベストテン内にランクインしており、アジアでスマホ需要が高まっているのは確かだ。

また、フィリピン人は世界に1000万人以上が出稼ぎに出ている。その半分以上は女性で、家政婦などとして上流家庭に雇われているが、高齢化社会の日本では、介護福祉士や看護師として期待されている。近年は日本で資格をとる女性も増加中だ。

つきあいやすいからこそ距離感も大事

基本的には社交的で、義理堅くて親切なフィリピン人だが、やはり人と人とのつきあいでは越えてはならない一線がある。フィリピンでは初対面のときに握手をするが、同時におじぎをするのは失礼になる。

　そして、商談相手などから家に呼ばれるのは家族ぐるみのおつきあいをしたいという申し出になるが、あまり長居をしてはいけない。時間を守らない東南アジアのルールに従って、10〜15分くらい遅れて行き、お酒は軽く30分くらい。そして食事を食べ終わったら早々に帰るのがマナーだ。

　さらに、話題も地震や台風などの災害や、政治的な話は避けたほうがよい。明るいフィリピン人はとにかく明るい話題だけを話したがるのだ。

　表面上はにこやかに、しかしある程度の節度は守る。相手がグイグイくるからとこちらも調子に乗って相手と同じようにふるまうと、自分のことを棚に上げて「ずうずうしいヤツ」と思ってしまうのがフィリピン人かもしれない。

　ある程度こちらが遠慮して引くぐらいがちょうどいいだろう。

フィリピンの代表的人物

マニー・パッキャオ

(1978年 -)

20歳でWBC世界フライ級王座を獲得。現在のウェルター級まで、史上2人目（アジア人としては初）のメジャー6階級を制覇した伝説のプロボクサー。現在もボクシングを続けるかたわら、プロバスケチームのヘッドコーチ兼選手、そして現職の下院議員も務める国民的英雄。

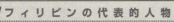

東ティモール

素朴で純真だけどプライドは人一倍高い

DATA

首都：ディリ
人口：約117.8万人
面積：約1.5万km²
（岩手県より少し小さい）
言語：テトゥン語、ポルトガル語、インドネシア語等
宗教：キリスト教99%

若さにあふれる、21世紀の「日出処国《ひいずるところのくに》」

21世紀最初の独立国として誕生した東ティモールは、独立して10年以上経過したものの、まだ政情不安が続いている。名前は知っていても訪れた経験のある人は少ないだろう。オーストラリアのすぐ北にあり、最大の島のティモール島は東西をインドネシアと分け合い、複数の島と、インドネシア側に飛び地としてオエクシ県を有している。独立後にすぐに日本大使館も置かれたが、直行便はなく、インドネシアのバリ島を経由しなければならない。

もともと、住民の多くがメラネシア系のテトゥン人であったため、テレビや学

校の授業ではテトゥン語が使われている。テトゥン語で国名を、「ロロサエ（太陽の出る国）」といい、「日本（日のもと）」と同じ意味になる。

また、ポルトガルの植民地だったことからポルトガル語も公用語となっている。ただ、ポルトガルの植民地放棄後に、25年間インドネシアに支配された歴史から、ポルトガル語よりもインドネシア語を話せる人のほうが多い。

一般的に東ティモール人は温厚で素朴だ。外国人だからといって差別されず、中華系やマレー系、少数民族との間で混血化も進んでいる。おもな産業といえばコーヒーくらいしかないが、ダンスが好きで、独立記念日には「テベテベ」という伝統的な踊りをはじめパーティーに明け暮れる。また、99％がカトリックで、教会で洗礼を受けることが出生届と同じ扱いになる。

ただ、そんな純朴そうな東ティモール人はプライドが高い。そもそも、インドネシアからの差別的待遇に反発して生まれた国なだけあって、許せないことがあるとすぐに怒る。「せっかく独立したのに、まだ我慢しなきゃならないのか！」と思ってしまうのかもしれない。軍人の待遇改善ストライキにはじまった2006年の暴動などはその最たるものかもしれない。もっとも、地方ではコンタ（ポルトガル語で評価）と呼ばれる長老会議の権限が強く、跳ねっかえりの若者でも長老の言うことには従うというから、やはり根は素直だといえる。

お国柄がもっとわかる！
東南アジアの人々のつぶやき集

インドネシア・女性

インドネシアの女性は、証明写真を撮るとき、日本の男性みたいに背広とネクタイをしめるんですよ。それが正装です。えっ!?　そんなにヘンですか？

シンガポール・男性

優秀な人を大事にしてきたシンガポールは先進国ですが、今は他の東南アジア諸国も急成長してますから、政府は「いろんな国の人と戦う覚悟をしなさい」と言っています。福祉などは充実しているとはいえないけど、その分、教育の機会を与えて「自分で戦っていく力」をつける政策なんです。

ベトナム・男性

日本のコンビニでバイトしたいんですよ。コンビニならお客さんとしゃべれるし、いろんなこと覚えられるから。

マレーシア・男性

日本が中国にGDPで抜かれたとか、日本企業が世界で負けてるとかいわれてますけど、それでもまだまだ日本留学は人気なんですよ。

エリア3
西アジア
（アラブ圏）

西アジア
（アラブ圏）
MAP

イスラム教の本流を自負する人々

砂漠の大地に根づいた、イスラム教の影響が強い地域。

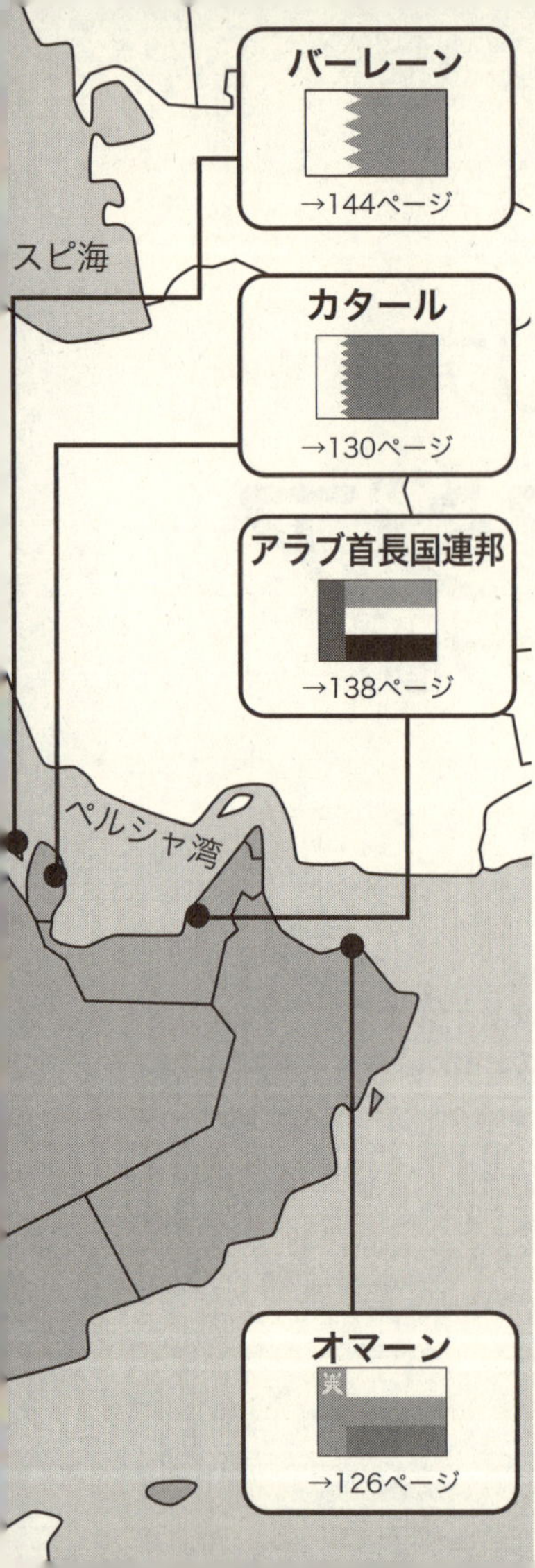

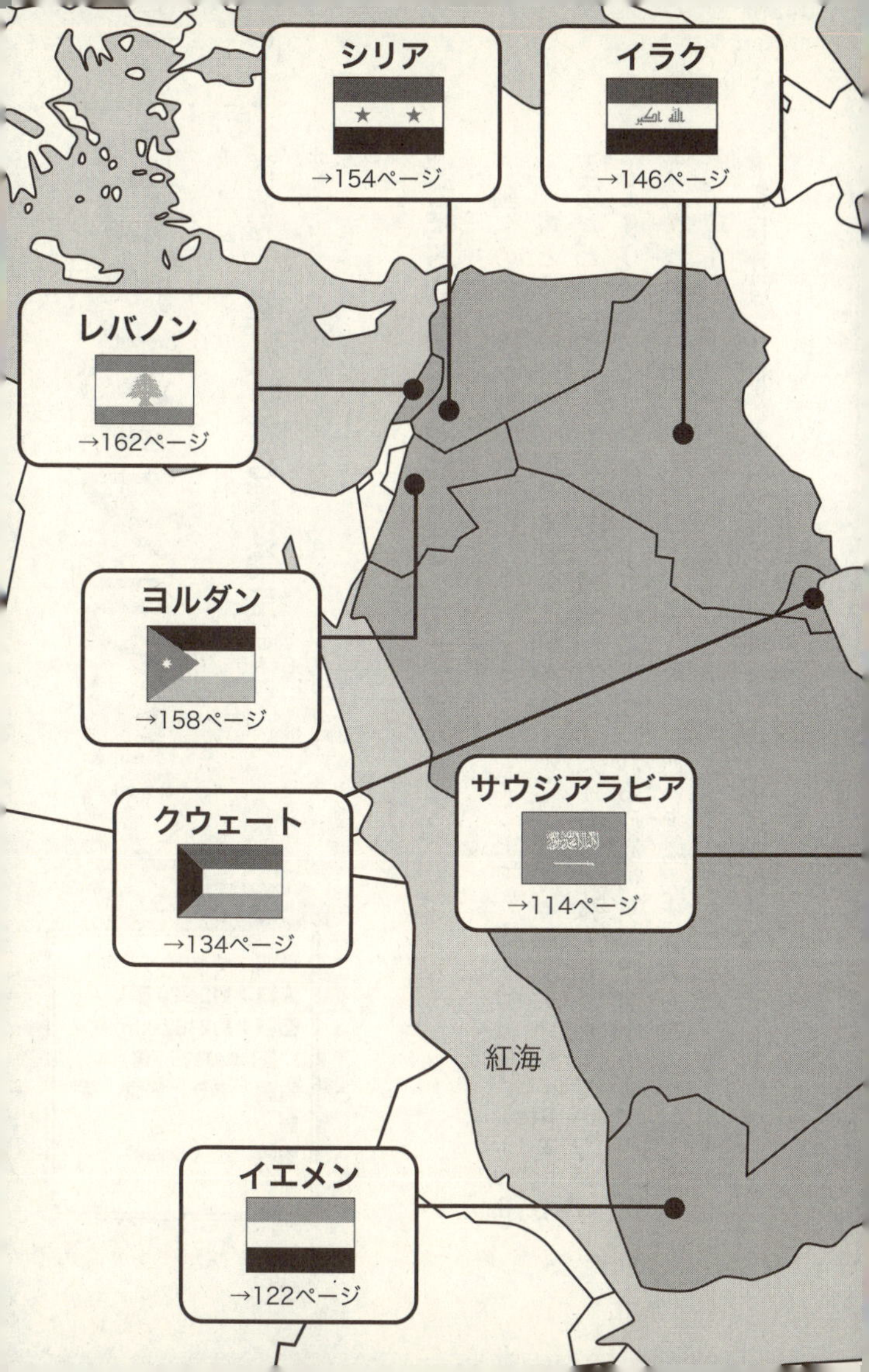
シリア
→154ページ
イラク
→146ページ
レバノン
→162ページ
ヨルダン
→158ページ
クウェート
→134ページ
サウジアラビア
→114ページ
紅海
イエメン
→122ページ

サウジアラビア

家族が一番。だけど若者は暴走ぎみ

DATA

首都：リヤド
人口：約2,920万人
面積：約215万km^2
（日本の約5.7倍）
言語：アラビア語、英語
宗教：イスラム教

絶対的な王家と厳格なイスラムの教え

国名のサウジアラビアとは、「サウード家のアラビア」という意味だ。サウード王家とその一族が支配する絶対王制の国である。さぞや歴史の古い、由緒ある王家だと思ってしまうが、じつは建国してまだ100年ほどしかたっていない。

1902年、イブン・サウードの名で知られる砂漠の英雄アブドゥルアジーズが、苦難の末に現在の首都リヤドを攻略し、次々と勢力を拡大したのがはじまりだ。現在のサウジアラビアが成立したのは、1932年のことだ。ただ、サウード家自体は、18世紀から何度か国を興した古い家系ではある。そして、権力を確

デート禁止なので男同士で遊び歩いている
トーブをすっぽりかぶり頭にシュマーフ
インシャラー
إن شاء الله
ラクダレース
LEXUS
高級外車は自慢のため。普段使いは4WD

立した現在では、地方の行政官まで、主要ポストはすべて王族が独占している。もっとも、初代イブン・サウードは、勢力を広げるために周辺部族と婚姻し、多くの子孫を残した。王位は直系の王子が継いでいく習わしだが、王子だけで3000人以上、サウード家全体では2万人もの王族がいるという。国民全体からみれば0・1％でしかないが、王族の多さに役職が足りなくなりそうだ。

また、厳格なイスラム教徒の国としても知られる。サウジアラビアは憲法がなく、法律はすべてイスラム教の聖典『コーラン』と、預言者ムハンマドの「スンナ（言行）」によって規定される。国民はイスラム教スンニ派の中でもとくに戒律の厳しいワッハーブ派の信徒であり、1日5回の礼拝、ラマダンの断食はもちろん、屋外での男女の接近は禁止、女性は外出時には必ずアバヤと呼ばれる黒衣で体を覆わねばならないなど、細かい部分まで徹底している。モンスターが進化するという設定が、進化論を否定するイスラムの教えにあわないとして、なんと、日本のゲーム『ポケットモンスター』が禁止されたこともある。

市街地ではムタワという宗教警察が見回りを行ない、違反者はただちに逮捕され厳罰に処される。お酒の持ち込みは外国人であっても鞭打ち刑。とくに神に対する冒瀆《ぼうとく》は厳罰で、私通や姦通《かんつう》、麻薬密売などは例外なく公開処刑だ。

ただ、最近は町中でノンアルコールビールなどが売られている。アルコールが

●サウジアラビアに本当にあることわざ

「犬は吠えるがキャラバンは進む」
――くだらない中傷は気にするな。

「家族の作ったナイフは切れない」
――親族に傷つけられても、怒ってはならない。

「奴隷はあれこれ考えるが、決着をつけるのは神だ」
――すべては神様が決めることだ。

「世の中は無常だ。ハチミツの日もあればタマネギの日もある」
――「人間万事塞翁《さいおう》が馬」とほぼ同じ意味。

「キャラバン」「ハチミツ」など、アラブらしい単語が並ぶ。

入っていなくても、雰囲気くらいは感じることができるだろう。

石油を売ったお金で水を買う

日本のテレビドラマで、サウジアラビアのことわざとして「水は飲めるが燃えはしない、石油は燃えるが飲めはしない」というセリフがあった。物にはそれぞれ違った価値があるという意味だが、世界的には石油の価値はまだまだ高い。

今さら述べるまでもないが、サウジアラビアは世界最大級の産油国だ。現在確認されている地球の石油埋蔵量の少なくとも15%がサウジアラビアに存在するという。日本が輸入する石油の30%は、サウジアラビア産である。この豊富な石油を輸出することによって、サウジアラビアは膨大な利益を上げている。王家の独裁支配に対して国民が不平を言わないのも、所得税も消費税もなく、教育費も医療費も無料という、富の還元が行なわれているためだといえる。

ただ、サウジアラビアの人々にとって必要なのは、油でなく水のほうだ。アラビア半島で最大の領土を持つとはいえ、その大部分は砂漠。水源は少なく、雨もほとんど降らない。地下数百メートルも掘らなければ出てこない小さな井戸水では、全国民の渇きを癒すことはできない。麦を育てるのも、水が大量に必要という理由で農業振興を中止してしまったほどだ。

そこで、潤沢なオイルマネーを使い、莫大な予算を注ぎ込んで作り上げたのが、海水の淡水化プラントである。1970年代からいち早く取り組んできただけあって、現在では国民の生活用水はすべてまかなえる。しかし、その設備も老朽化してつねに改修が必要な状態だ。石油もいつまでもつかわからない。水を確保するためにも、石油以外の新たな産業を見つけることが急務となっている。

ラクダレースで盛り上がる男女別の大祭典

預言者ムハンマドの生誕地メッカと、終焉《しゅうえん》の地メディナというイスラムの二大聖地を抱えるサウジアラビアには、世界中から巡礼者がやってくる。非ムスリムの個人観光客は受け入れないなど、なかなか敷居の高い国ではあるが、一度仲良くなると、家に招いてくれたり積極的に話をしてくれたりと親切だ。

娯楽に乏しいが、本人たちはそれが当然だと思っている。もっとも、家では衛星放送で世界中の番組が見放題なので、テレビっ子は多いかもしれない。

ラクダレースは、あちこちで行なわれている。

聖地巡礼以外での大イベントといえば、年に一度の「ジャナドリヤ文化大祭典」だ。正式名称は「サウジアラビア伝統と文化の国民祭典」といい、いわばサウジアラビアの万博である。約2週間開催され、各州や周辺国のパビリオンが立ち並び、多くの人で賑わう。日ごろはあまり踊らないダンスなども披露され、おみやげ屋さんも大盛況だ。このお祭りのオープニングを飾るのが、お祭りの原型となった国王主催のラクダレースで、国賓も招かれて観覧する。

ちなみに、女性の外出に制限があるため、男性と女性は入場できる時間帯がハッキリ区別されている。

ところで、女性に厳しいイスラム教だが、家庭内での権限は母親のほうが強い。ムハンマドの言葉にも「天国は母親の足元にある」や「聖戦に参加するには母親の許可が必要」などがあり、母親の権威を認めているのだ。『コーラン』にも、ムスリムの義務として、親孝行するよう書かれている。

サウジアラビアに限らず、アラブ人は家族を大事にする。一夫多妻制で親類が何百人もいるので、一族の話を聞いているだけで時間が過ぎるほどだ。ただ、奥さんや娘さんなど、女性について聞くのは失礼にあたる。また、子どもをほめると嫉妬《しっと》していると思われるので、あまりほめてもいけない。「いくら稼いでるんだ？」などとお金の話も好きだが、適当にお茶を濁しておいたほうがよい。基本的に話し好きなので、聞き役に徹するのが賢いつきあい方といえるだろう。

大人はわかってくれない「砂漠の暴走族」

サウジアラビアは、20歳以下の若者が60％を占めるという若さあふれる国だ。しかし、現在サウジアラビアで問題になっているのがその若者たち。外国人労働者が900万人いる一方で、若年層の失業率が20％にもなるのだ。

最近の若者は、優遇されて育ったせいか、3K職業に就きたがらない。しかも、雇用する側も賃金の高いサウジアラビア人よりも、安い外国人を使いたがる。

本人たちは「自分たちはもっとできる」と思っているが、周囲から認めてもらえない。それでいて失業手当もたっぷりもらえる。国家に甘やかされた若者たちは、ニートへと進みがちだ。

そして、たまったうっぷんを晴らすかのように流行しているのが、公道でドリフト走行をくり返す「サウジドリフト」と呼ばれる暴走行為だ。やり場のない怒りや将来の不安を、暴走することで晴らそうという青春の1ページといえるだろう。

日本でも見られた光景だが、峠道ではなく砂漠でやっているところがポイントだ。ガス欠で動かなくなった高級外車を、そのまま乗り捨てる若者もいるという。このサウジドリフト族が次第にエスカレートして、強盗や傷害などの犯罪に手を染める集団も現れた。こうなると「若気の至り」ではすまない。家族を大事にする国民性とはいえ、子どもに手を焼くのはどの国の親も同じなのだ。

サウジアラビアの代表的人物

ウサマ・ビン・ラディン
（1957年‐2011年）

もとはサウジアラビアの有力財閥の御曹司。イスラム原理主義に目覚め、過激派組織「アルカイーダ」の指導者となる。「9.11アメリカ同時多発テロ」など数々のテロ事件の首謀者として国際手配された。パキスタンに潜伏中、米軍特殊部隊との銃撃戦で死亡したと伝えられる。

イエメン

好奇心旺盛で、自分たちこそアラブの源流だと思っている

DATA

首都：サヌア
人口：約2,441万人
面積：55.5万km^2
（日本の約1.5倍）
言語：アラビア語
宗教：イスラム教

最貧国でも強い、イエメン人のアイデンティティ

『旧約聖書』には、ソロモン王に莫大な贈り物をしたシバの女王のエピソードがある。イエメンは、このシバ国があった地と考えられている。紅海とインド洋を結ぶ要衝にあって、かつては「幸福のアラビア」とまでいわれた歴史のある国だ。龍血樹《りゅうけつじゅ》をはじめ、奇妙な植物の宝庫であるソコトラ島など見どころも多い。

しかし、19世紀にオスマン・トルコ帝国とイギリスが分割支配したことによって南北に分断され、長い内戦の末に1990年にようやく統一されて、独立したという経緯がある。アラビア半島で唯一共和制をとっている国だが、近隣のアラ

ソコトラ島に自生する龍血樹。1000 年以上の樹齢を持つものもある。

ブ諸国が石油で潤っているのに対して、イエメンは最貧国のひとつだ。石油も出ることは出るが、量が少なく国民全員が潤うほどではない。現在も政情不安で、2015年には過激派がクーデターを起こした。

そんなイエメン人にとって、アラブの源流としての誇りは、よりどころといえる。ほとんどが砂漠のアラビア半島にあって山岳地帯が多く、首都サヌアは標高2000メートル地点にある。おかげで涼しく、雨も多いので農作物を作ることもできる。

イエメン産で有名なのはコーヒーの「モカ・マタリ」だ。この名は、イエメン南西端のモカ港から出荷されていたことにちなんでおり、世界有数のコーヒーの産地だ。

国民のほとんどがイスラム教徒であり、スンニ派とザイド派（シーア派の一派）がほぼ半々ずつ居住している。両者は交わらないが、イエメンの諸部族はすべて南アラブの祖であるカフターンの子サバを共通の祖先としており、連帯感がある。また、女性にも参政権を認めている国でもある。

総じて、イエメン人は器用で友好的、好奇心旺盛だといえる。海外への興味も強いため、サウジアラビアなど海外で出稼ぎして外貨を稼いでいる。

一方で、アラブ人としての意識も強い。湾岸戦争のときはイラクを支持したため、サウジアラビアの出稼ぎ労働者100万人が国外退去させられて経済悪化を招いた。不利になるとわかっていても、誇りを貫いた結果といえるだろう。

刀を差してこそ一人前として認められる

イスラム教国なので、飲酒は禁止だ。ただ、イエメン人にとってはイスラムの教えだけでなく部族の伝統も重要。そして、飲酒の代わりとしてカートと呼ばれる葉を噛《か》んでいる。この葉は軽い陶酔作用がある麻薬で、ほかのアラブ諸国では禁止薬物となっている。ところが、イエメン男性は午後の早い時間から集まって、葉を噛みながら談笑している。もっとも麻薬とはいえ効果はとても薄い。もともと飲酒の習慣がないからこそ、少しの量でも高揚感にひたれるというわけだ。

また、独自の風習としてつねに刀を携帯している。頭にはターバン、腰にはスカートのような腰被《おお》いを巻き、前側の帯に「ジャンビーヤ（三日月刀）」という幅広の短刀を差すのが正しいファッションなのだ。

刀を携帯するのは、かつて私闘の習慣のあった名残だといわれている。代々家に伝えられ、鞘《さや》にサイの角を使っているなど、時価数千万円になる品もあるという。

ただ最近は、ステンレス製の模造刀であったり、由緒正しいジャンビーヤでもサビついて抜けなかったりと実用性は軽視されている。とはいえ、このジャンビーヤで家柄や部族がある程度わかってしまうというから、おろそかにはできない。ジャンビーヤを持つのは一人前の男の証明なのだ。

イエメンの代表的人物

シバの女王

（生没年不明）

『旧約聖書』の列王紀に登場する南のシバ国の女王。多数の従者と財宝を持ってソロモン王に面会し、悩みを解決してもらった。王の智慧の深さに多くの貢物を差し出したとされる。シバの女王についてはエチオピア説もあるが、『コーラン』ではビルキスという名で登場する。

オマーン

どんな国とでも仲良くできる柔軟性

DATA

首都：マスカット
人口：約309万人
面積：約30.9万km^2
（日本の0.85倍）
言語：アラビア語
宗教：イスラム教

鎖国からの脱却で一気に人口爆発

専制君主制の国というのは、完全なトップダウンのため、指導者の意向ひとつで国民の暮らしぶりも大きく変わる。現在オマーンを治めるブーサイード王朝は、1741年から続く格式高い家系であり、国家元首は代々スルタンの称号を名乗る。オマーンの正式名も「オマール・スルタン国」である。ホルムズ海峡に面し、『千夜一夜物語』では、船乗りシンドバッドが船出する舞台となる海洋交易の要衝だ。

ところが、先代サイード王の時代、オマーンは極端な鎖国政策をとっていた。熱烈なムスリムだった王が近代化を嫌って、宗教書以外の本の持ち込みを禁止し、

2014年、安倍首相がオマーンを訪問し、カブース国王と会談した。

学校も作らず音楽もかけられないという厳しい戒律のもとで暮らすことを強要した。やがて、王に反発する勢力が拡大して地方で叛乱が頻発したが、これを収めたのが現スルタンのカブース王だ。

皇太子時代にイギリス留学と軍隊経験のあったカブースは、帰国すると父を追放してスルタンに即位し、同時に保護国イギリスから独立をも果たした。叛乱を鎮圧する一方で、石油収入による経済の安定と近代化を推し進め、わずか40年でほかの中東諸国と肩を並べるまでに成長させたのだ。

それ以前、識字率は25％程度だったが、教育にも力を入れて就学率は90％台に乗せた。このカブース王の治世の間、50万人ほどだったオマーンの人口は一気に6

倍にまで膨れ上がっている。

ただ、カブース王は独身で後継者がいない。上からの改革で近代化を成し遂げられたオマーン人にとって、後継問題は最大の関心事だ。

❋インドやアフリカにも近い海洋国家

現在のオマーンは、赤い岩山をバックに近代的な街並みが広がっている。ただ、オマーン人のほとんどは原理主義的なイバード派（シーア派の一派）で、生活スタイルは鎖国時代とさほど変わらず質素だ。国民の半数はわずかな緑地を利用して農業に従事しており、部族ごとの連帯感が強い。

とはいえ、鎖国よりずっと前には交易で栄えただけあって外国の影響も大きい。とくにアラビア海の対岸にあるインドや、東アフリカとの関係は深い。オマーンには約100万人の外国人労働者が暮らしており、半数以上はインド系などアジアから来ている。彼らは裕福な家庭で家政婦などとして働き、インド系の交易商人たちは、現在もオマーン経済を支えている。中東ではめずらしく米を主食として、カレーのようなスパイスの効いた煮込み料理も定番料理となっている。

一方でかつてはアフリカ大陸のザンジバル（現在のタンザニア）も支配下に置いていたことから、アフリカとの混血帰還者も多い。アフリカ系の女性は、イスラムの戒律にも縛られず堂々と職に就いている。

また、オマーンは、アラブきっての親日国として知られる。これは、先々代のタイムール王の時代に、地理学者の志賀《しが》重昂《しげたか》がマスカットを訪れて日本を紹介したのがきっかけ。日本に興味を持ったタイムール王は、国王の座を降りると神戸で5年間を過ごし、なんと日本女性・大山清子さんと結婚した。

残念ながら清子さんは娘を出産して3年後に結核で亡くなってしまい、その後の鎖国で両国の関係は途絶えたが、日本に対する親近感は強い。東日本大震災では、中東向けの浄水器を製造していた福島県のメーカーに26億円もの巨額発注をしている。しかも、製品は被災地で使用後に届けてくれればよいという粋な契約だった。

このように、どんな国とでも仲良くできそうなのがオマーンなのだ。

オマーンの代表的人物

ブサイナ王女
(1937年-)

父は11代タイムール王、母は日本人の大山清子。現国王の叔母にあたる。3歳で母を失い、以後出生の秘密がもれないよう日本との関係を絶たれる。公式の場にはほとんど出ないものの、1978年にはお忍びで訪日し、亡き母の墓参りをしたといわれている。

カタール

お金よりも地位や名声を重視する

DATA

首都：ドーハ
人口：約226万人
面積：1.1万km^2
（秋田県より少し小さい）
言語：アラビア語
宗教：イスラム教

10年住めば土地がもらえる夢の暮らし

2022年のサッカーワールドカップで、開催地に予定されているのがカタールだ。アラビア半島からペルシャ湾につきでた小さな半島にあり、日本では「ドーハの悲劇」の地として有名だ。中東では初開催ということで注目されている。中東の熱暑や、国際大会でアラブ諸国に有利な判定が多くなる「中東の笛」などの心配はあるが、少なくとも開催にかかる経費の心配は無用だろう。

なぜなら、カタールは国民一人当たりのGDPが9万ドルを超えるという世界一リッチな国だからだ。中東らしく、石油と天然ガスによって莫大な利益がもた

ドーハにあるアルジャジーラのスタジオ。柱にはアルジャジーラのマークがある。

らされており、化石エネルギーに頼る限り国庫にはお金が貯まり続ける。

２００万人以上が暮らすが、その中でカタール人は27万人ほどしかいない。そして、所得税も免除され、義務教育は無料、電気代も電話代も医療費も無料。

大学を卒業すると同時に１２００平方メートルの土地を貸与され住宅資金も無利子、その土地も10年後には自分のものになるという厚遇ぶり。しかも労働時間が短く、公務員は午前中で仕事が終わる。

じつは、80年代までは漁業や真珠の採取、交易くらいしか産業がなかった。首都ドーハは「世界一退屈な都市」とまでいわれていた。それが、数十年の間で高級ホテルが建ち並び、海外企業もビルを建てる近代都市に生まれ変わったのだ。

今でも壮年以上のカタール人は、伝統的なトーフ（貫頭衣）をまとい、杖や数珠《じゅず》を携帯している。しかし若者は、スマートフォンを片手にマクドナルドやスターバックスで談笑し、高級オフロード車を乗り回しているのが普通である。有害サイトへのアクセスは禁止だが、オンラインゲームや音楽ダウンロードはやり放題。当のカタール人も、世代間ギャップに戸惑っている。

問題点といえば、スタジアム建設などの重労働を外国人労働者に押しつけているところだろう。つらい仕事に就きたがらない若者に代わって、カタールでは警官も軍人も外国人という事態になっている。政府は企業のカタール人割合を50％以上にするよう定め、さらに女性の雇用促進にも力を入れている。

首長のポケットマネーで作られたテレビ局

イスラム教の中でも、サウジアラビアと同じワッハーブ派の信者が多いのがカタールだ。厳格な戒律があり、基本的には部族や家族への帰属意識が強い。お金に困らない分、社会的地位や名声を求める傾向があるという。首長は19世紀からこの地を治めてきたサーニー家が代々務めたが、近年サウジアラビアのサウード家にライバル意識を燃やしているという。湾岸戦争でサウジにアメリカの司令本部が置かれたとき、サウジ内では反対の声があがった。すると、次のイラク戦争では、アメリカ軍の本部をカタールに置くことをすぐに許可した。

小国ゆえの生き残り術ともいえるが、必ずしも欧米寄りというわけではない。その代表が「中東のＣＮＮ」として有名な衛星テレビ局のアルジャジーラだ。欧米寄りのマスコミの論調ではない、アラブ目線での報道姿勢はほかのアラブ諸国だけでなく、欧米の視聴者にも注目されている。

アルジャジーラは、改革者として名高いハマド前首長が、ポケットマネー１億５０００万ドルで設立した。「お金は出すが口は出さない」スタイルで太っ腹なところを見せている。

チュニジアのジャスミン革命が中東にも飛び火したとき、アルジャジーラもその様子を放送したが、カタールでは大規模なデモは起こらなかった。「金持ちケンカせず」の通り、国が裕福なうちは、民主化も必要ないというわけだ。

カタールの代表的人物

モーザ・ビント・ナセル首長妃

(1959年 -)

ハマド前首長の第2夫人で、タミーム現首長の母。名門部族のミスナド家の出身でカタール大学を卒業した美貌の才女。女性の80％が10代で結婚、仕事に就かないアラブ社会で、積極的に教育・文化振興に貢献し、カタール財団を設立。「働くアラブ女性のシンボル」と呼ばれる。

クウェート

石油資源を活用する、抜け目のない投資家

DATA

首都：クウェート
人口：約325万人
面積：1.8万km^2
（四国とほぼ同じ）
言語：アラビア語
宗教：イスラム教

ガソリンより水が高い裕福な国

ペルシャ湾の最深部にあるクウェートは、まるで油田の上に浮かんでいるようだという。なにしろ「井戸を掘ろうと思ったら石油が出てしまった」というくらい石油が潤沢で、自動車のガソリン代が1リットル20円ほどなのに対して、ミネラルウォーターは30円だ。

ほとんどのクウェート人は公務員で、生活も安定しており、所得税はなし、教育・医療も無料化されて福祉は充実している。外国人労働者が多いのも、石油で潤っているほかのアラブ諸国と同じだといえるだろう。

●原油埋蔵量の国別ランキング

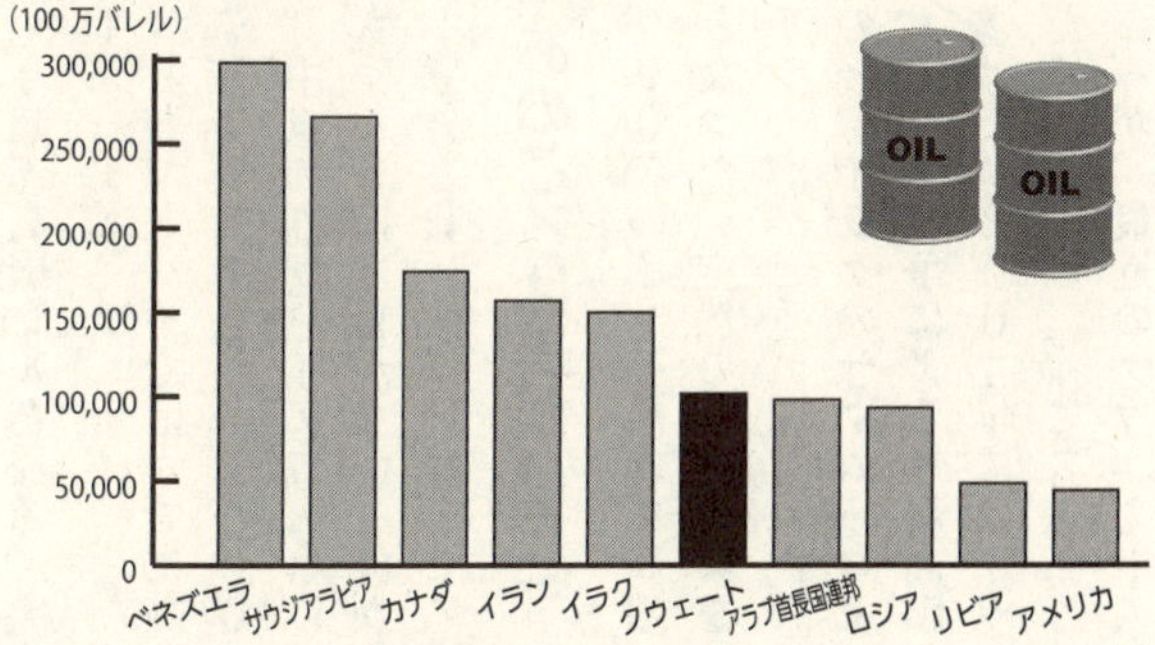

www.bp.com より

世界全体で6位だが、国の規模を考えると、埋蔵量はそうとう多い。

首長は18世紀からこの地で勢力を持つサバーハ家。オスマントルコやイギリスの保護下に置かれたが、統治権は奪われることなく1961年に独立を果たす。

現在、立憲君主制ではあるが、実質的には独裁体制で、言論や表現の自由などもない。一方で、戒律のほうはゆるめでサウジアラビアほど厳格ではない。

そんなクウェートは、現在高層建築ブームだ。これまでは、「クウェート・タワー（高さ187メートル）」や、「解放タワー（372メートル）」が観光スポットだった。

しかし、「マディナ・アル＝ハリール」再開発地区に建設予定の「ブルジュ・ムバラク・アル＝カビール」は、『千夜一夜物語』にちなみ、高さ1001メートルという超々高層ビルとなる。完成すればドバイの「ブルジュ・ハリファ」を超える世界一の高さだ。

もっとも、ドバイではすでに高さ1400メートルという「ナキールタワー」、サウジアラビアでも高さ1100メートルの「キングダムタワー」の建設計画がある。中東の高層ビルの高さ争いは果てしない。クウェート人は、「アラブ圏内ではもっとも抜け目がない有能な投資家」だといわれている。無茶な投資はしないが、意外と負けず嫌いなところもあるようだ。

❋「あのころは良かった」……懐かしの湾岸戦争

1990年のイラク侵攻を発端とした湾岸戦争は、クウェートにとって大きな痛手となった。突然の侵攻で家を追われ家族を失い、油田を破壊され大量の原油がペルシャ湾へと垂れ流された。そのショッキングな映像は世界中が目撃した。

その後、イラクのサダム・フセイン政権が倒されたことでようやく平和を取り戻し、イラク戦争による燃料高騰で経済はまたたく間に回復。急ピッチで復興を成し遂げた。2004年にはイラクとの国交を再開させ、枯渇した国庫も潤ってきたため、全国民に一律200ディナール（約7万1800円）を臨時給付している。

ところが、最近のクウェート人の合言葉は「湾岸戦争のころは良かった」というものだ。もちろん侵攻されたことを懐かしんでいるわけでも、イラクに支配されたいわけでもない。最近国内での階層争いが表面化しているためだ。「イラクの侵攻時はクウェート人がひとつになっていたのに、共通の敵がいなくなったら醜い勢力争いをするなんて悲しい」というわけだ。

　この原因となっているのが、「ハダル」と呼ばれる都市民と、「バドゥ」と呼ばれる部族民の対立だ。かつて、旧クウェート市内には壁があり、外敵を防いでいたことから、ハダルには「壁の内側がクウェート人」という意識がある。ハダルが第一市民、バドゥは第二市民とする風潮もあった。

　多いのはバドゥだが、サウジアラビアと二重国籍の者がいるため、ハダルはサウジアラビアの属国化を懸念しているのだ。さらに、サバーハ首長家に対する批判が加わって三つ巴《どもえ》の戦いとなっており、解決の糸口はなかなかつかめない。

クウェートの代表的人物

ムバラク1世

(1837年 - 1915年)

　本名はムバーラク・ビン・サバーハ・アッ＝サバーハ。兄を殺害してサバーハ家7代目当主となり、オスマントルコの支配から解放した英雄。ムバラク・アル＝カビール（ムバラク大首長）と呼ばれ、ムバラク県や建設中の「ブルジュ・ムバラク・アル＝カビール」などに名を残す。

アラブ首長国連邦

甘いもの好きで負けず嫌い

DATA

首都：アブダビ
人口：約880万人
面積：8.4万km^2
（北海道と同程度）
言語：アラビア語
宗教：イスラム教

7人の首長がいる連邦国家

国名からもわかるように、アラブ首長国連邦（UAE＝United Arab Emirates）は、複数の首長国によって構成される連邦国家だ。60年代まで保護国であったイギリスがこの地を去るとき、隣国のサウジアラビアなど、大国に飲み込まれることを危惧した周辺首長国が集まって対応策を協議した。そのうち、カタールとバーレーンが単独での独立を選択。残るアブダビ、ドバイ、シャールジャ、アジュマーン、ウンム・アル＝カイワイン、フジャイラに、ラアス・アル＝ハイマが加入し、7首長国による連邦国家となったのだ。

全体で北海道ほどの面積だが、国土の80%以上はアブダビ首長国の領土で、2番目に大きなドバイが埼玉県くらい。最小のアジュマーンは佐賀県ほどだ。

連邦の経済はアブダビが産出する石油に大きく依存している。そして、経済都市として近年めざましい発展を遂げているドバイも連邦の経済を支える。連邦予算の8割はアブダビが負担し、ドバイが1割だ。7カ国の代表による最高評議会でも、この2カ国には拒否権が認められ、大統領をアブダビ首長のナヒヤーン家、副大統領兼首相をドバイ首長のマクトゥム家から出すのが慣例となっている。いってみれば、アブダビとドバイがほかの5カ国を養っているような形だ。

しかし、ほかの5カ国も連邦内で遠慮するようなことはしない。各首長国同士はライバル関係にあり、なにかと張り合っている。アラブ人は部族意識が強く、首長は部族の代表としてのプライドもあるので、主張すべきことは主張する。

連邦の領土は複雑で、あちこちに各首長国の飛び地があり、共同統治する地域があり、さらに隣国オマーンの飛び地や、イランやオマーンと領有権を争っている地域もある。これも、各部族がそれぞれ覇権を争っていた名残といえる。

とくにアブダビとドバイはなにかと競争しており、アブダビ人は保守的で、ドバイ人は戒律がゆるいなど性格にも違いがある。すぐ隣なのに、ハブ空港が2つ存在するのもおかしな話だ。そして、政策決定にはアブダビかドバイを含む5カ国の賛成が必要となる。賛成票を得るためには、アブダビもドバイも5カ国をおろそかにできず、5カ国も強い外交カードを握っている。

こんな自己主張の強い首長国ばかりが集まっているというのに、連邦は中東ではきわめて安全な国だ。石油の収入により裕福な暮らしが保証されており、福祉も充実している。そして細かいことにこだわらないので、イザというときは連邦の存続を第一に考える。2008年のリーマンショックで、ドバイ経済も大打撃を受けたが、アブダビ政府はドバイに対してすぐに支援を行なっている。

❁なかなか会えないUAEっ子はヨックモックが好き

普通にアラブ首長国連邦を訪れても、地元出身者に出会う確率は少ない。連邦の人口は40年間で40倍以上に膨れ上がったが、8割以上は外国人だからだ。観光地での接客をはじめ、現地の労働力となっているのはほとんどが東南アジアなどからやってくる出稼ぎ外国人。なかなかUAE人にはお目にかかれないのだ。

外国人だらけになっても、おおらかなUAE人はあまり気にしない。「ゆりかごから墓場まで」を実践する政策によって、高給な公務員などとして優雅に暮らしている。

また、外国人が多いことから海外文化もどんどん受け入れる。UAEでは映画

ドバイに出店しているヨックモック。

はアメリカ、ドラマはエジプトや韓国、アニメ・ゲームは日本、ファッションではイタリアやフランスのブランド品が人気だ。インドなど東南アジアの映画や芸能人のファンも多いなど、世界中の大衆文化を楽しんでいる。どの家にも日本のゲーム機があり、Wiiが人気だという。

このままでは自国文化が失われるとして、連邦政府は「ワタニ（わたしの国）」プログラムを導入し、国産アニメ『フリージ（ご近所さん）』を製作。庶民的なコメディとして日本の『サザエさん』的な人気を得ることに成功した。

でも、国民にとっては「それはそれ、これはこれ」で、最近も日本のお菓子が流行している。それが、デパ地下などでよく見る洋菓子店「ヨックモック」の葉巻型クッキー「シガール」だ。日本でもおみやげ品として定番だが、2012年にアブダビに出店すると、わずか3年ほどでドバイなど18店舗を展開するまでになった。しかも値段が日本の2・7倍もするため、富裕層しか手が出せない。少数のUAE人のみが顧客だというのに、UAEの人気店の売り上げは日本の1番人気店に匹敵するという。100個単位で大人買いをしていく人もいるそうだ。

イスラム教徒は飲酒が禁じられているため、甘い物好きが多い。ただ、極端な甘さに飽きてしまい、日本人が作る繊細な甘さに惹かれたというわけだ。

男女小学生にして席を同じにせず

男性以上に会えないのがUAE人女性だ。外国人労働者は独身者が限定なので自然と男性比率が高くなる。あまりに見かけないので、「男しかいない国なのか?」と思ってしまうほどだ。しかも、イスラム教の戒律により、女性は男性の前に極力出ずに、外出時も全身黒ずくめのアバヤを着用しなければならない。小学生のときから男女別々の学校になるため、父親や兄弟しか男性との接触機会もない。

女性は10代のうちに結婚する場合が多く、結婚すれば、夫がほとんど外出させない。女性を「束縛している」のか「大切にしている」のか微妙なところだ。

そんなUAEでは、新郎側と新婦側と2回結婚披露パーティーが催される。新郎側のパーティーは男性のみで、民族衣装を着て音楽やダンスで盛り上がる。新婦側は女性のみで、新婦はウェディングドレス、招待客もパーティードレスで華やかな時間を過ごす。ただし、当然ノンアルコールだ。

結婚パーティーは、同じ日にすることもあれば別の日にすることもある。そして、新婦側パーティーではお開きの直前に新郎が披露される。このとき、男性の前に出ることになるので、出席する女性は全員アバヤをまとい、会場は一気に黒くなる。

最近は大学に進学する女性も多く、仕事を持つ女性が増えてきた。一方で高学歴女子が苦手なＵＡＥ男性と、仕事を続けたい女性との間で晩婚化が進んでしまっている。政府は女性が仕事を持つことにも肯定的で、ＵＡＥ女性の社会進出は今後も増えていきそうだ。

アラブ首長国連邦の代表的人物

オマール・ボルカン・アルガラ
（1990年 - ）

ファッションモデル、写真家、詩人として活動。容姿が美しすぎるとして、訪れたサウジアラビアから国外退去を命じられ「イケメンすぎるアラブ人」として話題となる。2013年に来日し、ファッションイベント「東京ガールズコレクション」に出演した。現在はカナダで俳優の修業中。

バーレーン

都会的だが宗教問題では複雑

DATA

首都：マナーマ
人口：約119.5万人
面積：769.8km^2
（東京23区に川崎市を足した程度）
言語：アラビア語
宗教：イスラム教

宗派対立の前には友情もはかない

ペルシャ湾に浮かぶバーレーン島を中心に、大小33の島々で構成されるのがバーレーンだ。国名は「2つの海」を意味し、島に湧き出る地下水脈と、交易で繁栄した島を囲む海をさしている。首都マナーマでは、近代化された高層ビルが建ち並び、人口の4分の1が集中。中東ではいち早く石油で栄えた国だが、産出量は減少しているため、近年はファイナンシャル・ハーバーを建設して金融取引の場として開放し、中東最大の金融センターとなっている。

諸外国とも友好的な関係を築き、高級ホテルも多くリゾートに訪れる外国人も多い。イスラム教国だが戒律はゆるく、ホテルではアルコールも飲めるし、女性旅行客がミニスカートで出歩いても、とがめられるようなことはない。『旧約聖書』の「エデンの園」は、この地のことだという説もあるほどだ。

そんなバーレーンは、2002年に王国となった。それまでは首長が強い権限を持っている絶対君主制の国だったが、改革派の王が立憲君主制へと移行したのだ。おかげで湾岸諸国では初めて女性にも参政権が認められ、議会も設置された。先進的な民主国家への道を歩いているといえる。

ただ、問題なのは国王のハリーファ家。国民の多くはシーア派なのに、王家はスンニ派であるという点だ。ハリーファ家はサウジアラビアのサウード家などと出身部族が同じだ。サウジアラビアとは「キング・ファハド・コーズウェイ」という全長24キロの海上大橋で結ばれている。

一方で、シーア派はイラクと近しい関係にある。中東では宗派や部族ごとにまとまって暮らすが、バーレーンではシーア派とスンニ派が混在して住んでいる。宗派が違ってもご近所づきあいはできるし「あいつはいい奴だ」と気さくだ。しかし、これが宗派同士になると「あいつらはひどい奴だ」というふうに変わってしまう。2011年にはジャスミン革命の影響で反政府デモが起こった。ただしこれは、民主化運動ではなくスンニ派に対するシーア派の暴発と見られている。

イラク

灼熱の土地に生き、スポーツと読書を愛する

DATA

首都：バグダッド
人口：約3,480万人
面積：約43.7万km^2
（日本の約1.2倍）
言語：アラビア語、クルド語（共に公用語）
宗教：イスラム教

摂氏50度の夏は冷たいヨーグルトを飲んで過ごす

日本でのイラクにまつわる情報は、ほとんどが戦争やテロの話ばかりだが、果たしてイラクの普通の国民は、どんな生活を送っているのだろうか？

２０１５年現在、イラクではシリアに接する西部を実効支配するＩＳＩＬと政府軍の紛争が激化しているが、つい最近まで、地域によってはかなり復興が進んでいた。少数派のクルド人が多い北部の都市アルビルには、マジディモールという巨大ショッピングセンターが作られ、各地から買い物客が集まっていた。ひところイラクの若者の間では「マジディモールに行ったか？」という挨拶が流行っ

アッサラーム アライクム
السلام عليكم
50℃!!
50
商売上手で、読書好きが多い
塩っぱい飲むヨーグルト
午後のいちばん暑い時間はのんびり過ごす
サッカーの時は
団結
スンニ派
クルド人
シーア派
宗派や民族が違ってもみんなサッカーで熱狂

たという。まるで、イオンモールが出店してきた日本の地方都市のようだ。

11年の段階でインターネット普及率はたったの約5％だが、意外なことに、フェイスブックの利用率はそれより少し高い約7％だった。友人や家族のパソコンやスマートフォンを使って登録している人がけっこういるのかもしれない。

中流家庭では、隣国のトルコやレバノンで活躍するアイドルに熱を上げて、そのポスターを部屋に貼っている女の子もいる。なんだか日本とあまり変わらない。

イラクの庶民は、大家族が一緒に暮らす世帯が多いので、貧しい家でも日本の住居より広い部屋に住んでいる。夏は気温がじつに摂氏50度以上にもなるため、一説によると夏は屋上にベッドを置いて寝る人が多く、都市部でも高層建築のアパートではなく、戸建ての住宅が好まれるそうだ。

首都バグダッドで夏の暑さをまぎらわせるため好まれているのが、よく冷えたヨーグルトドリンクだ。ただし、日本のように甘くはない。汗で塩分が失われるのを補給するためか、塩《しょ》っぱい味付けのものもあるという。

イラクの庶民が熱中するものといえばサッカーだ。代表チームはワールドカップでは予選敗退が多いものの、アジアカップでは1996年以来ずっとベスト8の常連で、07年にはみごと優勝も果たした。古株のサッカーファンなら、1994年のワールドカップ予選で日本代表がイラク代表と接戦を演じた末に惜

「ドーハの悲劇」で日本のワールドカップ初進出をはばんだのが、イラク代表だった。

しくも引き分けとなった、「ドーハの悲劇」を記憶している人も多いだろう。

イラクでは、古くから国を挙げてスポーツに力を入れてきた。かつてのフセイン大統領は、海外の試合で好成績をあげられなかった選手に拷問を科したという。イラクにはイスラム教のスンニ派とシーア派、さらに少数民族のクルド人との複雑な対立関係があるが、サッカーの代表チームでは一致団結している。

一方、インテリ層は大の読書好きだ。中東のアラビア語圏には「エジプト人が書き、レバノン人が出版し、イラク人が読む」という言葉があるほどだという。

中東諸国には「アラビア語本屋大賞」という国際的な賞があり、14年には、イラク人の作家、アフマド・サアダーウィの小説『バグダードのフランケンシュタイン』が受賞作となった。内容は、戦争やテロで死んだ人々の死体から生まれた怪物が暴れる、ホラー風の話だという……。リアルに怖そうだ。

❋根深い宗派対立の末、ゴミ収集で銃撃される人も

イラクがなかなか平和にならないのは、先にも触れたイスラム教の宗派対立と民族対立のためだ。イラクでは、アラブ系でイスラム教のシーア派が人口の約60%、同じくアラブ系でスンニ派が約20%、少数民族のクルド人が約20%を占める。

1979年に成立したフセイン政権は、もっぱらスンニ派が主流だったが、隣国イランではシーア派政権が成立したので、「うちもシーア派に乗っ取られてはマズい！」と焦り、80年にイラン・イラク戦争が起こった。

その後、フセイン政権は2003年のイラク戦争で崩壊した。ところが、今度はアメリカのあと押しを受けて成立したマリキ政権がシーア派を優遇したので、スンニ派が不満をためてテロがくり返されている。

バグダッドでは、両派の対立の末、市内を流れるチグリス川を挟んで、東側がシーア派の地域、西側がスンニ派の地域と住み分けることになった。

ところが、一度シーア派の職員がスンニ派住民の地域にゴミの収集に行ったら、

●イラクの宗教民族分布

イスラム国が支配する西部は、スンニ派が多い。

なんとそれだけで撃ち殺されてしまい、その結果スンニ派住民の地域には回収されないゴミが山積みになってしまったという。こういったもめごとの場合、シーア派とスンニ派が争っていればクルド人が仲介し、シーア派とクルド人が争っていればスンニ派が仲裁するというふうに、第三者が仲裁役になるという。

イラク戦争後は、国の中央がシーア派とスンニ派の対立にかまけている間に、北部のクルド人自治区が、経済的に大きく発展を遂げた。

もっとも、じつはイラン・イラク戦争以前は宗派の違いなどほとんど意識されておらず、都合しだいでごく軽いノリで宗派を変える人もいたというから皮肉な話だ。ミもフタもない話、シーア派とスンニ派の対立は教義内容ではなく経済格差、あるいは利権の奪い合いだとする説もある。実際、マリキ政権下ではシーア派が石油利権を独占していた。

イラク西部を実効支配したISILは、旧フセイン政権残党のスンニ派が中心だといわれる。ISILは、オスマントルコ時代まで続いていたさまざまな伝統的な制度の復活を掲げており、独自の通貨として、わざわざ古風な金貨や銀貨まで発行している。海外からもISILに義勇兵として参加する者は少なくないが、なかにはトイレ掃除や雑用ばかり押しつけられ、すっかり幻滅して逃げ出した人もいるとか。

イラク戦争後に続発した「アリババ」と「白血病」

現在のイラクでは、ほぼ全土が危険だが、しいて言えばシリアと接する西部よりはイランと接する東部のほうがまだ平和だ。かつての宿敵イランとは関係改善が進み、年間50万人ものイラン人が巡礼でイラクを訪れるという。

一定以上の年齢のイラク人には、独裁体制だったフセイン大統領の時代のほうが、不自由は多かったものの、まだ治安が良かったとボヤく人もいる。

2003年のイラク戦争後は、金目のものはもとより、役所や病院の電線を切断して盗んだり、動物園の動物まで盗んで売ったり食べたりしてしまうような強盗が続発した。これは俗にアリババと呼ばれる。正確には『千夜一夜物語』に出てくるアリババ自身は盗賊ではなく盗賊の宝を横取りした男だが、イラク人は気にしていない。

もうひとつイラク人の悩みのタネは、１９９０年代以降、子どもの白血病やがん患者が急増していることだ。これはアメリカ軍が使用した劣化ウラン弾の影響ではないかといわれている。皮肉なことに、フセイン政権時代のほうが医療体制は安定しており、治療のための抗がん剤も豊富だったという。

こうした状況下、日本をはじめとする先進国の医療支援などのＮＧＯは大いに感謝されているという。

もっとも、イラク人にとって東アジアは縁遠いので、ブルース・リーやジャッキー・チェンを日本人だと思っている人もいるそうだ。

イラクの代表的人物

アーメド・ラディ

(1964年 -)

サッカー元イラク代表選手。1988年にはアジア年間最優秀選手にも選ばれた。93年のワールドカップ予選では日本代表と対戦している。一時期はイラクだけでなくカタールのアル・ワクラSCでも活躍した。引退後は議員となり、イラクのサッカー協会会長として来日したこともある。

シリア

アジア屈指の古都の住人は昼寝が日課

DATA

首都：ダマスカス
人口：2,240万人
面積：18.5万km^2
（日本の約半分）
言語：アラビア語
宗教：イスラム教

古代遺跡の一角で普通の住民が生活する

シリアは2011年から内戦状態が続いているため、15年現在のところ日本からの渡航はほぼ不可能。本来は中東きっての歴史ある美しい観光地だ。

国土の南部は砂漠地帯だが、トルコと接する北部のユーフラテス川流域は、古代に「肥沃な三日月地帯」と呼ばれた農業発祥の地だけに緑が豊かだ。川沿いでは、昔から釣り人や水浴びする子どもの楽しげな姿が見られる。

首都ダマスカスは、じつに3000年もの歴史を持つ古都で、旧市街にはローマ帝国時代からの石造りの街並みが残っている。日本でいえば京都のようなところだが、遺跡の一角に洗濯物が干してあったり、古代の風景と現代の住人が同居する不思議な感覚の街だ。旧市街は丸ごと世界遺産で、現存するイスラム寺院のなかでは世界でもっとも古い、705年に建てられたウマイヤド・モスクもある。

ダマスカスにあるウマイヤド・モスクは、なんと705年に作られた。

1960年代からバアス党の独裁体制が続いているが、政教分離を徹底した国なので、街を歩く人々の服装は男女とも欧米人とほとんど変わりない。

庶民のライフスタイルは、朝が早い代わりに午後2時ごろには仕事を終わらせ、午後の暑い時間はたっぷり昼寝をするのが一般的だ。夕方の涼しい時間になるとまた起き、家の前に椅子を出しておしゃべりするなどしてくつろぐ人が多い。

内戦になる以前のシリアは、イスラエルが占領している南部のゴラン高原周辺では緊張状態が続いていたものの、ダマスカスは治安がよく、外国人の女性が一人で街を歩いていても何の問題もなかった。夏になれば、南方で採れた大きなスイカやリンゴやブドウなどの果物を、馬車やトラックに山ほど載せて路上販売するのが名物だったという。また、あちこちの店では、買い物もせずに店主とダラダラ話し込む客の姿が見られたというから、のどかなものだ。

本来は欧米にもアジアにもオープンだったシリア人

シリア人の大部分はイスラム教徒だが、人口の約15％はアラウィー派という少数派の信徒だ。アラウィー派は大まかにはイランと同じシーア派に分類されるが、輪廻転生《りんねてんしょう》を信じるなど、イスラム教以前の土着の信仰と結びついた要素も大きい。

シリアで政権を独占するアサド大統領の一族や、その取り巻きはアラウィー派が多く、これに対する国民の不満が内戦の原因のひとつになっている。

ただし、アサド政権は、キリスト教徒やクルド人、パレスチナ難民など、ほかの少数派にも寛容な政策を取っている。街の商店では名物のココナッツから作ったアラック酒も自由に売られていた。だが、２０１４年以降、シリアとイラクで勢力を広げている武装集団のＩＳＩＬは、占領地でキリスト教徒に重税を課したり、タバコと酒類を集めて焼きつくすなど容赦のない姿勢だ。

２０００年から政権の座についているバッシャール・アル・アサド大統領は、もともとイギリスに留学していたが、父親の意向で大統領を継いだ。本来は欧米寄りの姿勢だったらしく、就任直後には国民にインターネットの利用を解禁している。それが原因で11年の「アラブの春」以来、反政府運動が広がったのは、皮肉な話だ。

シリア人は、欧米だけでなく東アジアの国々にも意外に理解が深い。東アジアと縁遠い中東ではときどき日本人と中国人を混同する人もいるが、シリアが平和だった当時、テレビドラマで「メイド イン ジャパン」と書かれた服を着た韓国人を、うっかり日本人と間違えるというギャグが放送されたこともある。シリア人が日本という国をきちんと認識していることがよくわかる話だ。とはいえ、反対に日本のドラマでシリア人とイラク人をつい間違えるというギャグなどないだろう。

シリアの代表的人物

ラフィク・シャミ

（1946年 - ）

ダマスカス出身の小説家。キリスト教徒だが、アラビア語や中東の伝承にもくわしい。シリア共産党で反政府運動に参加したのち、1971年にドイツに留学。以降はドイツで作家として活動する。89年に刊行した『夜の語り部』は、アラビアンナイト風の作品でベストセラーとなった。

ヨルダン

慎重で控えめだが、サッカーに関しては別人のよう

DATA

首都：アンマン
人口：約645.9万人
面積：8.9万km^2
（日本の約4分の1）
言語：アラビア語、英語
宗教：イスラム教93%、キリスト教7%

❋預言者の子孫と遊牧民ベドウィン

２０１３年に国連安保理の非常任理事国に選ばれたヨルダンは、立憲君主制の王国だ。イスラエルとの境界線にある死海は有名観光地で、ペトラ渓谷の遺跡群は映画『インディ・ジョーンズ／最後の聖戦』の舞台となり、「新世界七不思議」にも選出された。紀元前からの文明が今も残るが、国としての歴史も古い。

ヨルダンを統治しているハーシム王家は、預言者ムハンマドの曽祖父ハーシムの子孫を名乗る。国名の「ヨルダン・ハシェミット王国」にあるハシェミットもハーシム家のこと。ハーシム家は、かつて聖地メッカの太守を任されていた名家

現国王・アブドゥッラー２世のウェブサイト。ツイッターもやっているようだ。

で、サウジアラビアのサウード家よりずっと格式が高い。国土面積は北海道よりちょっと大きいくらいだが、血統や家名を重んじるアラブ人社会では一目置かれる存在だ。

２０１１年に、アラブ諸国で民主化を求める声が多数上がったときも、ヨルダンで起こったデモは、暴動にまでは発展しなかった。産油国に比べると収入も少なく、失業者も多い国だが、デモ隊もそれを取り締まる警官隊も整然としている。政治改革を求める声はあっても、王制の打倒や国王の追放などを求める声が出ないのは、まさにハーシム家の歴史を重んじているためといえる。

また、国内ではヨルダン人よりもパレスチナ人のほうが多い。その多くは隣のパレスチナから来た難民だ。ヨルダンはイスラエル、パレスチナ自治区、サウジアラビア、イラク、シリアと隣接しており、政治的に微妙な場所にある。

そんな小国が生き残る道は「どの国とでも仲良くする」全方位外交だ。イラクには紅海に通じるアカバ港を開いて恩を売り、湾岸戦争では世界中のマスコミを受け入れてイラクへ入国させた。アラブ諸国と敵対するイスラエルとも国交を結びながら、多くのパレスチナ難民を受け入れる。かつてはエルサレムもヨルダンの領土だったが放棄した。世界貿易機関（WTO）に加盟し、欧州連合（EU）とも自由貿易協定を結ぶ。もっとも、君主制を否定している社会主義国のシリアとは距離をおいている。

ヨルダン人の多くは遊牧民のベドウィン系だが、かつてのベドウィン同様に遊牧民として暮らしているのは6％にすぎない。国内でパレスチナ人が幅をきかせているためか、周辺の国々で専門職などに就くヨルダン人が多い。国外よりも、国内のヨルダン人とパレスチナ人との関係が唯一の悩みといえる。

サッカー熱は近年沸騰寸前！

ヨルダン人の多くは慎重で控えめ、愛想もよくて友好的だ。しかし、そんなヨルダン人の性格が一変するのがサッカーだ。ワールドカップ出場経験はないものの、ブラジル大会ではアジア予選5位に入り、南米5位のウルグアイと対戦して惜しくも初出場を逃した。アジアカップではベスト8に入るなど近年急成長しており、国民も代表選手の試合には注目する。C・ロナウドの髪型を真似る選手も多い。

人気スポーツだけに、重要な大会となると理性が吹き飛ぶようだ。ブラジル大会のアジア予選で日本と対戦したとき、ヨルダンのPKでは日本のGKを、日本のPKではキッカーにレーザーポインターを照射して妨害した。日本は最終的にブラジル大会への切符は手に入れたが、この試合では負けている。終了後には勝利に浮かれたヨルダン人が大騒ぎしたため、軍隊まで出動し、日本からの抗議を受けた。

不景気が続くヨルダン人にとっては唯一のガス抜きなのかも知れない。でも、中東のホームゲームでサッカー観戦をするには、かなり勇気がいる。

ヨルダンの代表的人物

アリ・ビン・アル・フセイン
(1975年 -)

前国王フセイン1世の子で、アブドゥッラー2世現国王の異母弟。「アリ王子」と呼ばれる。元CNNジャーナリストのリム・ブラヒミと結婚。ヨルダンサッカー協会会長で、国際サッカー連盟（FIFA）副会長。ブラッター現会長に代わる次期会長の有力候補者だ。

レバノン

内戦にも負けない商売上手

DATA

首都：ベイルート
人口：約443万人
面積：約1万km^2
（岐阜県とほぼ同じ）
言語：アラビア語、フランス語、英語
宗教：キリスト教、イスラム教など18宗派

18もの宗派が混在する宗教の博物館

現在、英語圏で使用されるアルファベットは、紀元前3000年ごろにこの地に住んでいたフェニキア人が原型を作ったという説がある。レバノンはフェニキア人による地中海貿易で栄え、東西文化の交流地点となっていた。その後、シリアとともにオスマントルコやフランスに統治され、1943年に独立を果たした。

こうした歴史から、イスラム教徒が多いアラブ諸国にあって、例外的にキリスト教徒が多い。そもそも、フランスがレバノンとシリアを切り離したのも、レバノンにキリスト教徒が多かったためだ。しかし、キリスト教でも多いのは東方教

会のマロン派で、カトリックやプロテスタントは少数派だ。一方のイスラム教も、スンニ派とシーア派、アラウィー派にドールズ派と、各宗派が混在している。数は減ったがユダヤ教徒もいる。国が公式に認めている宗教だけで18宗派もあって「生きた宗教の歴史博物館」とも呼ばれている。

ベイルートのエトワール広場には、教会の隣にモスクがあって、それぞれの信者が通う。なかには昔教会だった場所を改装したモスクもあって、中東と西洋が混在しているのだ。

ヒヨコ豆のファラフェル。非常にヘルシーで世界中で食べられている。

そこで、レバノンでは最大勢力のマロン派から大統領を選出し、首相はスンニ派から選び、国会議長はシーア派からという協定を結んで、各宗派のバランスをとってきた。あらゆる分野で宗派のパワーバランスが考慮され、たとえば公共機関でドールズ派の人が定年を迎えると、同じドールズ派から新規採用される。

そして、どの宗派も国民の過半数には満たないため、キリスト教同士で対立すると、イスラム教徒とも手を結ぶ。そして、対立する宗派は、残った宗派と手を組むこともある。各宗派はそれぞれに自治権を持ち、あまり交流をしたがらない。おかげで、各宗派混成のサッカーチーム同士の対戦などは、メンバーチェンジも気を遣う。そして、途中でメンバーが入れ替わると、同じチームの応援団が、相手チームにいる同じ宗派の選手を応援するような事態にもなる。

1975年から続いたレバノン内戦は、こうした宗教的小競り合いの大型版だった。それぞれの宗派を支援する大国の思惑が絡んだ代理戦争だったといえる。

「中東のパリ」復興に尽力する在外レバノン人

内戦ですっかり荒廃してしまったが、レバノンはかつて「中東のパリ」と呼ばれる美しい国だった。ようやく復興が進みはじめたが、15年あまり続いた内戦で国外に移住している人も少なくない。ただ、レバノン人は「商売上手」としても知られている。2010年にビル・ゲイツを抜いて世界一の富豪となった、メキシコのカルロス・スリムもレバノン移民だった。国民の3倍近い約1200万人もの在外レバノン人が、外貨を稼いで母国の復興に役立てているのだ。

おかげで「世界の各都市においしいレバノンレストランが開店している」とい

うジョークまで生まれた。難民受け入れ数の少ない日本では、レバノン料理を見かける機会もあまりないが、アラブ料理の中ではもっとも洗練されているという。もともとのアラブ料理にフランスやイタリアの料理の影響が加わり、野菜中心なのが特徴だ。

代表的なものにヒヨコ豆のコロッケである「ファラフェル」（163ページ写真）がある。また、ギリシャ料理にもあるムサカやババガヌーシュのように、ナスを使った料理も多い。

ヘルシーさから、最近はハリウッドセレブたちの間で人気だという。イスラム圏だがキリスト教徒は飲酒できるため、地ビールやワイン、アニスで香り付けした蒸留酒の「アラック」などが楽しめる。いまだに政情は不安定だが、そんな数々の料理を楽しめる「中東のパリ」を再興すべく、在外レバノン人の支援は続く。

レバノンの代表的人物

エリッサ

（1972年 - ）

父はレバノン人、母はシリア人。20歳のときにオーディション番組『Studio El Fan』で銀賞を獲得した。1999年に『Baddy Doub』でデビューし、中東を中心に15万枚を売り上げた。以後は世界的ヒットを飛ばし「中東の歌姫」となる。ワールドミュージックアワード3回受賞。

お国柄がもっとわかる！
西アジア（アラブ圏）の人々のつぶやき集

サウジアラビア・男性

日本に留学しているサウジアラビア留学生の、9割が理系です。2006年からの「ルックイースト政策」で留学生の数は増えましたが、私はもっと日本への留学生を増やしたいと考えています。

サウジアラビア・男性

短期間で治療できる日本の歯科技術に、とても驚きました。私の母国ではこうはいきません。

アラブ首長国連邦・男性

お金がないって？　お金は掘ったらでてくるよ。オイルマネーさ。

イラク・女性

イラクで起きている、ISILのことは本当に心を痛めています。そこに所属している半数が外国人ですよ!!　外国人がよその国にきて、なにをしているのかサッパリ理解ができない。私の国を戦争で汚すなんて、やめてほしい。

エリア4
西アジア
(非アラブ圏)

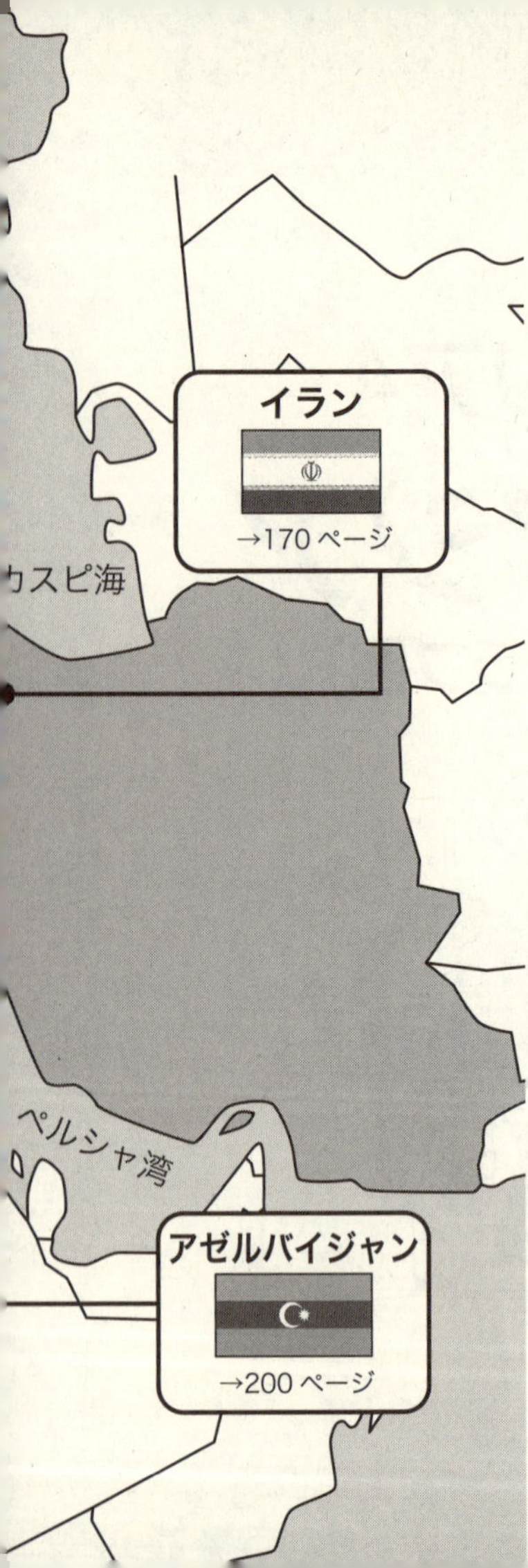

西アジア（非アラブ圏）MAP

厳しい環境の中でもたくましく生きる人々

イスラム教徒だが、アラブ圏ではない民族の暮らす地域。

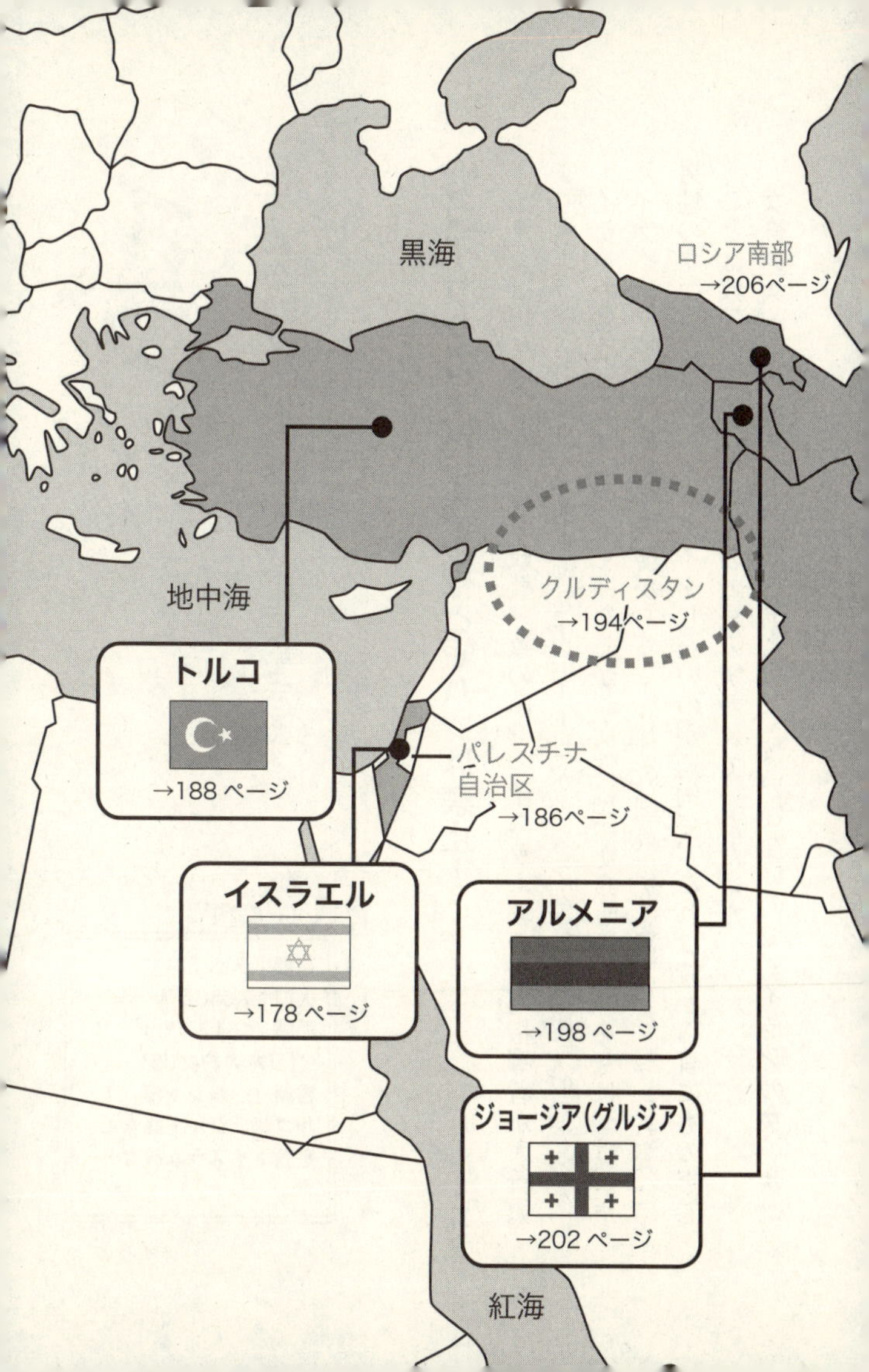

黒海
ロシア南部
→206ページ
地中海
クルディスタン
→194ページ
トルコ
→188 ページ
パレスチナ
自治区
→186ページ
イスラエル
→178 ページ
アルメニア
→198 ページ
ジョージア(グルジア)
→202 ページ
紅海

イラン

何ごとも「神様のおぼし召し」で生きる

DATA

首都：テヘラン
人口：7,560万人
面積：164.8万km^2
（日本の約4.4倍）
言語：ペルシャ語、トルコ語、クルド語など
宗教：イスラム教など

✿女子サッカー選手も半袖と短パンは禁止！

イランは現代では数少ない政教一致の国で、イスラム教の最高指導者が大統領よりもエラい。おかげで、あらゆる生活ルールがイスラム教の戒律に沿っている。

イランの夏は気温が50度近くになるが、女性は頭からチャドルを身につけ、ボディラインを隠す服を着る義務があり、これは外国人にも適用される。ちなみに、男性のファッションはネクタイをしないのが通例で、これは昔から首にものを巻くことは奴隷のように思えるので忌み嫌われていたためだ。

女性のスポーツ選手も人前で肌を出してはいけないので、イランの女子サッ

人前で肌は出さないがオシャレは欠かさない
チャドルの中は…
キラキラアクセサリー!!
家庭に入った女性
若い世代は欧米ファッション好きの男女も
最近の若者。
服装の乱れで取締りが厳しくなったとか…
男性と同じように外で働く女性も意外に多い

カー代表チームは長袖に長ズボンで頭にフードを被って試合をする。肌を露出する海水浴場では、わざわざ男性専用、女性専用のビーチが別々にある。

自宅以外では、男女が同席するのも制限だらけだ。首都テヘランの地下鉄は非常に混雑することで悪名高いが、いちばん前と後ろの車両は、一日中ずっと女性専用だ。ただし、家族連れや夫婦ならほかの車両で一緒に乗ってもOKだ。

刑罰もやたらと厳しく、不倫やレイプ、売春はずばり死刑、同性愛も死刑だ。しかも、一度死刑判決が決まると冤罪《えんざい》の可能性があっても容易に覆せない。鞭《むち》打ち刑や多数の人間が石を投げつけて処刑する石打ち刑も現役だ。なお、少々意外だが、キリスト教徒など少数派の異教徒を不当に扱っても処罰される。

とはいえ、こっそりと戒律を破ってお酒を飲む人もいれば、ネットで海外のポルノを観る人もいる。

また、約束の時間に遅れても、テストの点が悪くても、けろりと「アラーのおぼし召しだ」と言って正当化する人もいる。「何ごとも神様のおぼし召し」と考えるイラン人は、感情的になっても翌日には忘れるサバサバした性格だという。

ペルシャ人への偏見に怒りハリウッド映画に抗議

同じ中東の国でも、イランではアラビア語ではなくペルシャ語が使われる。た

顔以外の全身がユニフォームで包まれた、イラン女子サッカー代表。

とえば日常会話の「はい」と「いいえ」は、アラビア語では「ナアム」と「ラー」、ペルシャ語では「バレ」と「ナ」と、まったく違う。なお、隊商の意味の「キャラバン」、市場の意味の「バザール」などの言葉はじつはペルシャ語に由来する。

今もイラン人には「自分たちは古代の偉大なペルシャ帝国の末《まつ》裔《えい》」「もともと西アジアはみんな自分たちの先祖の領土だった」というプライドが根強い。

２００７年には、古代のギリシャ軍とペルシャ帝国の戦争を描いたハリウッド映画『３００（スリーハンドレッド）』の内容に対し、

「ペルシャ人が暴力的な野蛮人みたいではないか！」というイラン人からの猛抗議の声が上がった。

ところでイラン人は、同じイスラム教の国でもほかのアラブ諸国とは仲がよくない。隣国イラクとの政治的な関係は改善されているものの、個々人レベルではおたがいに「イラン人は信用できない」「イラク人は信用できない」と言う人もいる。

これはペルシャとアラブの民族対立に加え、イランがイスラム教全体では少数派にあたるシーア派が主流の国という点もある。シーア派は、開祖ムハンマドから4代目の指導者アリーの子孫のみを正統な指導者と見なすが、サウジアラビアなどアラブ諸国のほとんどが属しているスンニ派は、指導者にはこだわらず古来の慣行（スンナ）を重視する。もっとも、教義内容自体の根本的な違いはない。

中東でも独自文化の強いイランでは、ややこしいことに暦が3種類もある。まずイラン独自の太陽ヒジュラ暦、これはイスラム教が普及する以前に主流だったゾロアスター教の暦がベースで、新年の祭りなどイラン古来の季節の行事などに使われる。もうひとつはイスラム圏全体で共通の太陰ヒジュラ暦で、年に一度のラマダンの断食やムハンマド誕生日など、イスラム教関連の年間行事に使われる。もうひとつが西暦で、新聞にはこの3種類の暦が載っている。

断食の期間中はテレビにも食べ物が映らない

イラン人の1日は朝が早い。午前5時からさっそくメッカの方角に礼拝する決まりがあるためだ。礼拝の回数はスンニ派の国では1日5回だが、イランでは1日3回となっている。学校や会社も朝早くからあるが、勤め人は一度食事のために自宅に帰って午後の暑い時間をゆっくり休み、また出勤するのが通例だ。

1日の食事は昼食がメインだ。カスピ海周辺では稲が栽培され、ミルク粥やピラフなどをよく食べる。それ以外の地域は小麦粉から作ったナンが主食で、インドのナンとは異なり、ペラペラで硬い。豆や羊肉などを煮込んだカレーのような料理が多いが、インドのように辛くない。飲み物は紅茶とフルーツ風味のノンアルコールビールが人気で、お茶が入るとみんなおしゃべりになる。

毎年第9月のラマダンの断食では、日の出から日没までいっさいの食事が禁止され、食料品店や飲食店も日中は閉まってしまう。ただし、こっそりと「お持ち帰り」専門で営業している店もあるとか。ラマダンの期間はタバコも禁止だ。食欲を抑えるため、テレビ番組では食事シーンや食べ物を映さない。イランでは日本のアニメやドラマも人気なのだが、なんと『それいけ！　アンパンマン』に出てくる、あんパンや食パン、メロンパンなどがモチーフのキャラクターたちにモザイクがかかるという。

イラン人の顔は欧米の白人に似ているが、各家庭では日本と同じく靴を脱いで床に座る。イランの住居に欠かせないものといえばカラフルなじゅうたんだ。イラン産の手織りじゅうたんはじつに世界市場の約40％を占める。現代ではかなり機械化が進んだものの、今も若い女性が手織りしているものが多い。

家庭内の問題といえば、イスラム教の戒律では一夫多妻制が認められているが、これがけっこう大変で、複数の妻がいる男は妻を平等に扱わなければならず、えこひいきは許されない。妻が複数いれば全員に同額の誕生日プレゼントを贈らないといけないため、出費が半端ではない金額になるという。

✿イスラム革命で女性が晩婚化!?

イランが現在のような政教一致の国になったのは、シーア派宗教指導者のホメイニ師を中心とした1979年のイスラム革命以降の話だ。それまで在位していたパーレビ国王は西洋かぶれで、じつはイランは、欧米とあまり変わらない国だった。

どこの国でも、年配の人はたいてい「イマドキの若者は風紀が乱れていてけしからん！」などと怒るものだが、イランでは話が逆なのだ。「昔は酒も飲めたし、男女が堂々とデートできたのに、今は不自由でかなわない」とボヤくお年寄りもいる。

だが、イスラム革命にも意外な成果があった。男女の隔離を徹底するため、女子校が多く作られ、女性の進学率が格段にアップしたのだ。79年のイスラム革命以前、女子の小学校在籍率は71%だったが、１９９０年代には95%まで上昇したという。

イスラム圏の国は男尊女卑の傾向が強いが、イランでは仕事上でも男性が女性の身体に触れるのを避けるため、女性の警官や女性の医師などが大量に活躍している。

もっとも、男女を分ける政策を徹底して男女の出会いの場が減ったため、現代のイランではすっかり晩婚化と少子化が進んでいるという。こう聞くと、事情は違えども、日本とあまり変わらない状況といえるから不思議だ。

イランの代表的人物

エマミ・シュン・サラミ
(1980年-)

テヘラン生まれのお笑い芸人。父親はイラン人で母親は日本人。10歳のとき家族で日本に渡る。東海大学を中退して吉本興業に入り、武井志門とのコンビ「デスペラード」として活躍。イスラム過激派など、国際情勢もネタにするブラックユーモア的なトークで人気を博している。

イスラエル

議論好きで自分の意見をハッキリ言う

DATA

首都：エルサレム
人口：約818万人
面積：2.2万km^2
（日本の四国程度）
言語：ヘブライ語、アラビア語
宗教：ユダヤ教75.1%、イスラム教17.3%

議論大好きでSNS利用時間は世界一

イスラム教の国が大部分を占める中東で、唯一、ユダヤ教徒が多数派の国がイスラエルだ。内陸は中東らしい乾燥地帯だが、地中海沿岸のビーチは美しく、中部の沿岸都市テルアビブの雰囲気はヨーロッパの街並みとあまり変わらない。

イスラエルは世界各国から集まるユダヤ人移民で成り立っている。ユダヤ人といえば欧米の少数民族と思われがちだが、そもそもユダヤ教の発祥の地は西アジアなので、中東や北アフリカ出身のユダヤ人やインド系のユダヤ人もいる。このため、街にはさまざまな肌の色の人間が歩いており、見るからに東アジア系の顔をした日本人でも「きみもユダヤ教徒かい？」と聞かれることがあるという。

ユダヤ人の言語はヘブライ語だが、外国で生まれ育ったユダヤ人には、おじいちゃんやおばあちゃんでもヘブライ語が話せない人が少なくない。新しくイスラエルに移住してきた人は、まずキブツと呼ばれる共同農場に入り、ほかの移民と寝食をともにしながら作業に励みつつヘブライ語を学ぶことが多い。

旧ソ連崩壊後はロシア系ユダヤ人が大量に流入したため、ロシア語を話す人間ばかり集まった地域もある。ちなみに、ロシア系の流入とともに増えたのが酒飲みだ。従来、イスラエルでは都市部でも酒類を売る店舗や居酒屋が少なかったのだが、酒好きのロシア系ユダヤ人とともに、パブやクラブが次々と広まった。

イスラエルでは「生意気、横柄が国民性」と自称する人もいて、わりとズバズバとハッキリものを言う。古くから教育に力を入れてきたためか、ユダヤ人は議論好きが多く、これは直接の会話に限らない。2011年の調査によると、イスラエルでのフェイスブックなどのSNS平均利用時間は月間10・7時間で、アメリカの5・2時間を2倍も引き離し、じつに堂々の世界1位だった。

学校や会社は月曜ではなく日曜からスタート

イスラエルの日常生活は、基本的にユダヤ教の習慣がベースになっている。

たとえば、チーズバーガーのあるハンバーガー屋はなかなかない。ユダヤ教の食の戒律（コーシェル）では、牛乳が原料のものと牛肉を一緒に食べてはいけないからだ。このほか、肉類はひづめが分かれていて反芻《はんすう》する動物（牛、羊、鹿）ならOKだが、そうではない豚、ラクダ、ウサギなどはNGだ。魚介類はひれとうろこのあるものに限られ、エビ、カニ、タコ、イカ、貝類などはNGとなる。飲食店には、メニューが食の戒律に沿っているか否かが必ず書いてある。

さらに、ユダヤ暦では金曜の日没から土曜の日没までが安息日（休日）なので、イスラエルでは日曜日から学校や会社がはじまる。

安息日は単に仕事が休みの日ではなく、神が定めた「働いてはいけない日」だ。このため、ほとんどのお店は閉まり、一部のタクシー以外、電車やバスなどの交通機関も止まってしまう。そればかりか、家で料理をするのも労働にあたるので、食事は金曜の日中に準備したものを、あらかじめタイマーをセットしたホットプレートなどで温めて食べる。仕事のための電話やメールもできないので、安息日が終わったとたんに、町のあちこちで電話やメールの着信音が鳴りだすという。

こうした戒律を全部きっちり守るかどうかはユダヤ教徒の間でもばらつきがあり、海外で生まれ育ったために、ユダヤ教の慣習とはほとんど無縁な人もいる。

いちばん厳格に戒律を守っている「超正統派」と呼ばれる人々は、人口のおよ

水飲み場にたたずむ超正統派ユダヤ人。全身が黒い衣服だ。

そ10％ほどで、これはおもに東欧からの移民だ。男性はみんな全身真っ黒な服を着て、ヒゲを伸ばしている。女性は長袖に長いスカートを着用し、髪は隠さなければいけないのだが、イスラム教徒のようにベールを被らず、かつらをしている場合が多い。超正統派は避妊もしないから出生率も高い。ちなみに、ユダヤ教徒の男の子は生後8日目に割礼を受けるので、包茎の男性はほとんどいない。

　ユダヤ暦では毎年秋の9月または10月に新年がはじまる。春先のペサハ（過越の祭）では、モーセが出《しゅつ》エジプトのときに食べたというイースト菌で膨らませていないクラッカーのようなパンを食べる。古代にペルシャ人から迫害を逃れたことを記念したプリム祭はハロウィンのような仮装行列が名物だ。新年から10日のヨーム・キプール（贖罪《しょくざい》の日）だけは、戒律を気にしない世俗主義のユダヤ人も必ず休むという。この日を含め、ユダヤ教では年に6回の断食日がある。

同じ国内でも別々の年間行事をする少数派

イスラエルはユダヤ人だけの国でもない。もともとこの地に住んでいたアラブ人も2割以上いるので、道路標識などはヘブライ語、アラビア語、英語の併記が基本だ。

北部の都市ハイファなどではユダヤ人とイスラム教徒のアラブ人などが平穏に共存しているが、ユダヤ教徒以外は、イスラム教暦9月のラマダンの断食や、キリスト教の暦でのクリスマスなど、まったく別の年間行事を行なう。

首都エルサレムは、ユダヤ教、キリスト教、イスラム教の共通の聖地だ。東北部はイスラム教徒地区、西北部はキリスト教徒地区、東南部はユダヤ教徒地区、西南部は古代から居住するアルメニア人地区に分かれている。イスラム教徒の地区は高い壁で囲まれ、外部との行き来には検問所を通らなければいけない。まる

● 「聖地」エルサレムの地図

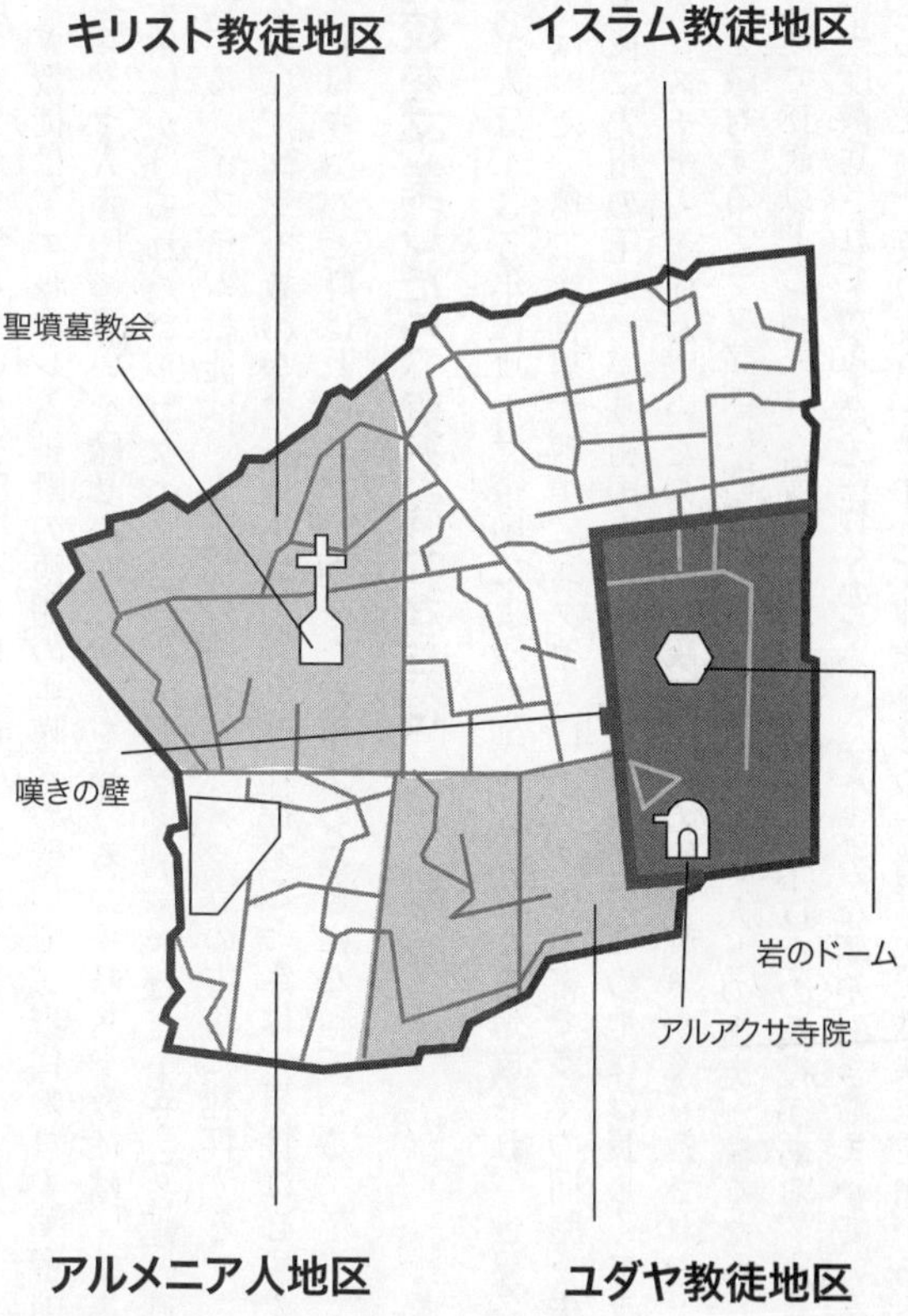

ユダヤ教、キリスト教、イスラム教、それぞれの信者にとって重要な都市だ。

で東西ドイツが分裂していた当時のベルリン市のようだ。

ユダヤ教徒は、エルサレム神殿の西側の「嘆きの壁」で、古代のローマ帝国軍によるユダヤ人弾圧に思いを馳せながら祈りを捧げる。キリスト教徒は、イエスが十字架にかけられたゴルゴダの丘に続く道のヴィア・ドロローサ（苦難の道）を巡礼する。イスラム教徒は、東北部のモスクでメッカの方角に礼拝する。

ちなみに、ユダヤ教の会堂（シナゴーグ）で礼拝するときは、男性は必ずヤムルカまたはキッパと呼ばれるユダヤ帽子を着用することになっている。

高校を卒業したら、男女問わず兵役

ユダヤ人は135年にローマ帝国によってエルサレムから追放され、世界各地に散らばった。第二次世界大戦中、ユダヤ人はナチスの迫害で多くの同胞を失うが、戦後に先祖の土地に戻り祖国を再建する。しかし、この地には長らくアラブ系のパレスチナ人が住んでいたので、近隣諸国との中東戦争がくり返された。

周囲を敵対するアラブ諸国に囲まれ、今もパレスチナ人との衝突が続くため、ユダヤ教徒で18歳以上の国民は、男性は3年、女性も1年以上の兵役がある。高校卒業後は一度徴兵されてから大学に行くので、大学生はみな顔が引き締まっている。

ただし、ユダヤ教の戒律を厳守して神学を修める超正統派は兵役免除がある。

このため「自分は超正統派です」とウソの申告をする人もいるのだが、軍ではそう申告した人が本当に超正統派として生活しているか、本人のSNSまで調べるので、うかつにチーズバーガーを食べた写真などはネットにアップできない。しかも、今後は段階的に超正統派にも徴兵が適用されることになるという。

イスラエル人も全員がアラブ人を敵視しているわけではない。なかには、アラブ人よりも、強引にパレスチナ自治区に入植をはかるユダヤ人のほうが同じユダヤ人として許せない人もいる。

しかし、皮肉なことにパレスチナ人が接するユダヤ人は、強硬なイスラエル軍人がほとんどだ。一方、イスラエル人も善良なパレスチナ人とテロリストの区別がつかず、パレスチナ人を怖がっている。双方の衝突をどう解決するかは、長く時間のかかる問題といえるだろう。

イスラエルの代表的人物

ナタリー・ポートマン
(1981年 -)

イスラエルとアメリカ両方の国籍を持つ女優。東欧系ユダヤ人の血を引き、祖父母はナチスの迫害で死亡。エルサレムで生まれ、幼児期に渡米してユダヤ系学校に通う。リュック・ベッソン監督の『レオン』『スター・ウォーズ』シリーズのエピソード１～３などでヒロインを演じた。

ほかの地域

パレスチナ自治区

外出も食も不自由ながらタフに生き抜く

DATA

主要都市：ラマッラ（西岸地区）
人口：1,160万人
面積：約0.6万km^2（三重県と同程度）
言語：アラビア語
宗教：イスラム教92%、キリスト教7%

✿イスラエル軍の目を盗んでファストフードを「密輸」

パレスチナとは、本来イスラエルのある一帯をさすが、現在ではパレスチナ人といえば、おもに1948年のイスラエル建国以前から同地に住んでいたイスラム教徒のアラブ人をさす。パレスチナ人による自治区は、イスラエル中北部にあるヨルダン川西岸地区と中部の地中海側にあるガザ地区からなる。

多くのパレスチナ人は困窮しているが、ヨルダン川西岸ではとくに水が乏しい。ゴラン高原から死海にそそぐヨルダン川は数少ない貴重な水源だが、イスラエル政府に握られているし、死海は塩湖のためか、井戸の水でも塩辛い。

ガザ地区も同じように物資は乏しく、隣接するエジプトとの国境もイスラエル軍に封鎖されている。そのため、地下トンネルを使って商品を密輸する強者《つわもの》もいる。欧米のファストフード店がないため、ケンタッキーフライドチキンは人気だという。密輸品はエジプトの3倍の値段だが、それでも売れ行き好調だという。

イスラエル軍とパレスチナ人の間には衝突が絶えないので、パレスチナ自治区ではあちこちにイスラエル軍の検問所があり、身分証明書がないと移動できない。うっかり身分証明書をなくしたりすると長時間足止めされる。また、しょっちゅうイスラエル軍による外出禁止令が出る。このため、子どもはおちおち学校にも行けない。洗濯物を取り込もうとして外に出ただけで撃ち殺されることもあるし、映画を観ている途中でもラストまで観られずに劇場から家に帰らされる。

パレスチナ人とユダヤ人が住み分けていれば問題は減るはずだが、イスラエル内のパレスチナ自治区にわざわざ入植してきたイスラエルのユダヤ人が30万人もいる。しかも、ややこしいことにユダヤ人入植者の中にも貧困層は少なくない。

2014年には、パレスチナ自治区内のユダヤ人入植者がすし店を開業して、大胆にも、ほかのユダヤ人入植者のため宅配サービスをはじめた。争いが絶えないパレスチナ人とユダヤ人だが、おたがい周囲を敵に囲まれていてもおいしいものが食べたいという気持ちだけは同じようだ。

トルコ

古くから東と西の文化をつないできた働き者

DATA

首都：アンカラ
人口：7,666万7,864人
面積：78万km²
（日本の約2倍）
言語：トルコ語（公用語）
宗教：イスラム教、ギリシャ正教、アルメニア正教など

アダルトショップもイスラムの戒律は遵守

トルコはイスラム圏の国々の中でも、イランとは逆にもっとも政教分離が徹底された国だ。街を歩く人々の服装は欧米とほぼ変わらない。むしろ、ほかのイスラム圏の国のように、学校や官公庁で女性がスカーフで頭を隠すことをわざわざ禁止してきた。日本でいえば、和服で登校したら処罰されるようなものだろうか。

しかし、近年はイスラム教の伝統文化を復興する動きが高まり、２００８年以降、学校でもスカーフ着用が許可されるようになっている。また、宗教的な伝統というより、オシャレアイテムとしてスカーフを愛用する女性も増えている。

欧米や日本からみればトルコもイスラム教国だが、トルコは比較的戒律のゆるいお国柄だ。性表現にも厳しいイスラム圏としてはめずらしく、13年にはインターネット上からアダルトグッズが買えるオンラインショップの「ハラール・セックスショップ」が開設された。ハラールとは、たとえば食べ物なら豚肉が含まれていないなど、イスラム教の慣習に従った商品を意味し、サイトには大まじめに「イスラム教における性生活」の記事も載せている。

政教分離を徹底した国とはいえ、庶民の日常感覚にはイスラム教の習慣が生きている部分も少なくない。トルコ人は日本人に劣らず義理堅くて勤勉だが、ちょっとしたミスでは謝らないし、逆に軽い口約束なら破ってもいちいち気にしない。こうしたことも個人の意志ではなく「アラーのおぼし召し」と考えるからだ。

首を横に振っても「いいえ」の意味にはならない

トルコの生活習慣や伝統は独特なものが多い。たとえば、身振り手振りのジェスチャーでは、首を縦に振れば「はい」の意味なのは日本や欧米と同じだが、横に振れば「わかりません」を意味する。「いいえ」の意思表示では首を後ろにそらして、眼を細めたり舌打ちする。なんだかいかにも不機嫌そうなポーズだ。

中東ではヒゲが威厳ある男性のシンボルだが、ことにトルコでは「ヒゲのない男はバルコニーのない家のようなもの」ということわざまである。近年はヒゲの増毛クリニックが人気で、ほかの中東各国からもお客が集まっている。

嗜好品《しこうひん》では水から煮だして上澄みを飲むトルコ風コーヒーが有名だが、今では紅茶を好む人のほうが多い。当然ながらイスラム圏なので飲酒人口は少数だ。ガラス瓶の中の水を通して煙を吸う水タバコも愛好者が多く、ピーチ味やメロン味などフルーツ風味のものが人気。紙巻きタバコよりも喫煙量が多くなる点が問題視され、13年には喫茶店やレストランでの水タバコ喫煙が禁止されてしまった。

中東の多くの国と同じく、トルコはもともと遊牧民の国なので、料理は羊肉と乳製品が多い。とくにヨーグルトは羊肉を焼いたケバブに塗ったり、デザートではなくソースの一種とされている。これは西アジアではめずらしい使い方だ。デザートに出るものでは、ハチミツをたっぷり使った菓子で「婦人のへそ」「美人の唇」「大臣の指」などといった、ユニークな名前のものがたくさんある。

✿じつはアラブ人より日本人に近いトルコ人

中国にはイスラム教徒が多数を占める新疆《しんきょう》ウイグル自治区がある。じつは、中国政府に弾圧されたウイグル独立派の多くはトルコに逃れている。トルコ内にはウイグル独立を支持する人々も少なくない。アジアの東の端にある中国と西の端にあるトルコが結びつくのはいっけん意外だが、無理もない話なのだ。ウイグルは中国の外では「東トルキスタン」と呼ばれ、広義にはトルコ族の土地だった。

現在のトルコは、アジアの西の端アナトリア半島からヨーロッパのバルカン半島にまたがる位置にあり、最大の都市イスタンブールはヨーロッパ側にある。ところが、もともとトルコ人の先祖はずっと東の中央アジア出身だった。

ホースの先のガラス部分を口に当てて、煙を吸う水タバコ。

中国大陸が唐の時代にモンゴル周辺にあった突厥《とっけつ》はトルコ系の国だ。トルコ語とモンゴル語は、同系統のアルタイ諸語というものに分類される。トルコではリーダー格の人間には名前のあとに尊称で「アー」とつけることがあるが、これはモンゴル語で「兄貴」という意味の「アガ」という語が変化したものだという。

西へ西へ移動してきたトルコ人は、現在では彫りが深く白人に近い顔の人が多いが、かつては日本人と同じような東アジア系の顔が多かったと言うトルコ人もいる。さらに、これは偶然かもしれないが、何かの頂上、てっぺんを「テペ」、良いものは「ヨイ」など発音も意味も日本語とよく似た言葉が約50語もあるという。

中東各地で大人気なトルコのドラマ

トルコの産業といえば中東名物のじゅうたんなど長らく繊維類がメインだったが、近年はフォルクスワーゲンやルノーの工場が誘致され、自動車工業が急速に成長している。これと並んで大きな稼ぎ頭の輸出品が、テレビドラマだ。

じつは、トルコは100カ国以上に年間約2億ドルもドラマを輸出している。16世紀にオスマン・トルコ帝国の最盛期を築いたスレイマン大帝の時代を描いた歴史物などが人気で、おもな輸出先は同じイスラム圏の中東諸国や、ヨーロッパでトルコ文化の影響が強いバルカン半島の国々だが、はるか遠い中南米にも輸出されている。

トルコからは人材の輸出もさかんで、とくにドイツでは200万人以上のトルコ人労働者がいる。トルコ人にはヨーロッパ人よりも夜遅くまで働く人が多い。

しかし、トルコが2005年に申請したEUへの加盟交渉は難航している。これは、トルコ内部でのクルド人など少数派の人権問題、隣国アルメニアに対する過去の戦争での大量殺人への対応などが問題視されているせいもある。おかげでトルコでは欧米を嫌う世論も高まりつつある。トルコは１９２３年に共和制となって以降、欧米風の近代国家を目指してきたが、はじめに触れたように近年になってイスラム文化の復興が進んでいるのも、ヨーロッパへの反発を反映しているようだ。

一方でトルコは日本には非常に友好的だ。イラン・イラク戦争中の１９８５年、イランのテヘランに２００人以上の日本人が足止めされたとき、トルコ航空が特別機を出して全員を無事に脱出させてくれたエピソードが知られている。

また、意外に韓国とも友好関係が深い。トルコは隣接するロシア（旧ソ連）への警戒から冷戦時代にはアメリカを中心とするＮＡＴＯ（北大西洋条約機構）に属し、１９５０年に朝鮮戦争が起こったときは、韓国支援の部隊を派遣しており、縁の深さがわかる。

トルコの代表的人物

オルハン・パムク
（1952年 - ）

イスタンブール出身の小説家。1998年に発表した『わたしの名は紅《あか》』は、オスマントルコ時代が舞台のミステリー風の作品で世界的な話題作となった。国内ではタブー視されるアルメニア人虐殺問題についても積極的に発言している。2006年にはトルコ人で初めてノーベル文学賞を受賞。

ほかの地域

クルディスタン

勇敢で知られる祖国なき「山の民」

DATA

主要都市：アルビル（イラク北部）など
人口：推定2,000～3,000万人
面積：推定55万km^2（日本の約1.5倍）
言語：クルド語
宗教：イスラム教

✿山中に住むので、輸送手段は今でもロバ

中東には、九州全県の2倍の人数もの「国を持たない民族」がいる。それがクルド人だ。その居住地は、おもにイラク北部、イラン北西部、トルコ東部のほか、シリアからアルメニアの一部にまたがり、まとめてクルディスタンと呼ばれる。

クルディスタンは内陸の山地で、クルド人の間には古くから「クルドに友はいない。この山々を除いては」という言葉もある。交通の便が悪い山中では今もロバが重要な交通手段だ。イラク北部のクルド人自治区には「ネクタイにスーツ姿のロバの銅像」が建っている。これは日常でのロバの貢献をたたえたものだ。

スレイマニヤにあるロバの銅像は、地元の政党、その名も「ロバ党」が建立した。

けわしい山中で戦ってきたクルド人は、昔から勇敢だ。広いイスラム圏で民族を越えた歴史上最大のヒーローといえば、中世の12世紀に十字軍を撃退した名君サラディン（サラーフ・ウッディーン）だが、サラディンもクルド系だった。

クルド語は中東のほかの国々の言葉と大きく異なる。たとえば「さようなら」の挨拶は、アラビア語では「マーサラマ」、トルコ語では「ギョリュシュリュズ」だが、クルド語では「フウェ　ハーフィズターンベー」で、かなり異なる。

古代からイランとその近隣の国ではノウルーズ（ネブロス）という春分の祭りがあり、これはイスラム教以前のゾロアスター教の習慣に由来するため、ほかの国ではそれほどさかんではないが、クルルド人の間では1年でもっとも盛り上がる行事だ。

埼玉県にも「クルド人村」がある?

クルド人がもっとも多いのはトルコで、1000万人以上が住んでいるが、トルコ政府は1920年代からずっと公の場でのクルド語の使用を禁止してきた。やむなくイスタンブールのような都会ではトルコ人との同化が進んでいたが、内外からの非難もあり、ようやく2005年ごろからクルド語のテレビ放送や、学校でのクルド語教育が許可されている。とはいえ、まだまだ一部での話だ。

トルコ内では、こうした状況に反発する過激派のPKK(クルディスタン労働者党)がテロ活動をくり返し、政府の弾圧を受けている。ややこしいことに、イラクとイランの政府はPKKを支援し、反対にイラク内のクルディスタン民主党はトルコ政府の支援を受けているので、同じクルド独立派なのに仲が悪い。

もともとクルド人はまとまりがない。山中で暮らしてきたため、地域や部族ごとのムラ意識が強く、地域ごとの方言の差も大きいのだ。さらに、中東の各地やヨーロッパに散らばったクルド人には、クルド語が通じる相手はほとんどいないので、クルド語を学ぶことをやめてしまう人もいる。だが一方では、複数の国にまたがって居住することを逆手に取り、密輸に手を染める人もいるという。

　イラクにはクルド人自治区があるが、２０１４年に過激派集団のＩＳＩＬが攻撃をしかけてきたので、これに対抗して各地からクルド人の義勇兵が集まっている。クルド人は大の音楽好きだが、義勇兵募集のため、伝統の民族楽器を鳴らしながらラップで「クルドの地を守れ！」とアピールする動画をＹｏｕＴｕｂｅにアップしている若者もいる。クルド人自治区は油田地帯を押さえているので、イラクの無政府状態が進めば、結果的に事実上の独立国になるかもしれない。

　じつは、日本にも５００人以上のクルド人がいる。その多くは、もともと出稼ぎイラン人が多かった埼玉県蕨《わらび》市に集中して住み、同地は「ワラビスタン」とも通称される。市内の公園では故郷と同じように毎年ノウルーズの祭りが開かれ、地元の日本人も混じってクルド風ケバブを食べたりしている。

クルディスタンの代表的人物

ジャラル・タラバニ

(1933年 -)

　クルド系イラク人の政治家。イラクのアルビル近郊に生まれる。青年期にはクルディスタン民主党（KDP）に参加し、その後独自にクルド愛国同盟を結成するが、フセイン政権から弾圧された。フセイン政権が打倒されたあとの2005年には、クルド系では初めてイラク大統領に就任した。

アルメニア

大国に挟まれつつ古代から独自文化を貫く

DATA

首都：エレバン
人口：300万人
面積：3万km^2
（日本の約13分の1）
言語：公用語はアルメニア語
宗教：キリスト教

✿世界でいちばん古いキリスト教国

「アルメニアには〝とうふ〟でできた教会がたくさんある」――いや、豆腐のことではない。火山が多い国土なので、火山灰が固まったトゥフと呼ばれる良質の石材が豊富で、1000年以上も前の石造りの教会建築が多いのだ。

古い教会が多いのも当然で、アルメニアはローマ帝国にさきがけて301年に世界で初めてキリスト教を国教にした。アルメニアの教会は、ロシアを中心に東欧で信仰される東方正教とも異質な、まったく独自の宗派だ。

紀元前に誕生したアルメニアでは、食生活の基本も3000年前からほとんど変わっていない。調理方法や味付けは時代によって変化してきたが、おもな食材はずっとパンと豆類、羊や牛の肉、チーズやヨーグルトなどの乳製品だ。

現代のアルメニアの名物といえば、19世紀末から作られるようになったコニャックだ。第二次世界大戦の末期、イギリスのチャーチル首相はソ連のスターリン書記長からアルメニアのコニャックを勧められて大いに気に入り、終生愛飲していた。アルメニアは1990年代から隣国アゼルバイジャンとの間でナゴルノ・カラバフ地方をめぐる紛争を抱えているが、首都エレバンのコニャック工場には、この紛争が解決した暁に開封することが予定された「平和の樽」がある。

アゼルバイジャンに加えてイランとトルコというイスラム教の国に囲まれたアルメニアは、古代から戦乱が絶えなかった。とくに、オスマン・トルコ帝国に支配されていた第一次世界大戦中の1915年には、アルメニア人がロシアに味方することを怖れたトルコ軍が、大量のアルメニア人を虐殺している。その数は一説によればなんと150万人にもなるといわれ、今もトルコとの仲は険悪だ。

このとき、大量のアルメニア人が国外に亡命したため、世界各地には約200万人もの在外アルメニア人が散らばっている。アメリカには約80万人がいるといわれ、一例を挙げると、1980年代から20年間も活躍したテニス界の鉄人ことアンドレ・アガシ選手もアルメニア系移民の子孫だ。

アゼルバイジャン

オイルマネーで悠々自適なカスピ海の武者

DATA

首都：バクー
人口：940万人
面積：8.7万km^2
（日本の約4分の1）
言語：アゼルバイジャン語（公用語）
宗教：イスラム教

石油でにぎわう首都バクーには「武道館」がある

カスピ海に面するアゼルバイジャンは、古くから牧畜で栄えたが、近代に入ってからは首都バクーを中心に油田が発達した。このため「人の数より羊のほうが多い、村の数より石油櫓《やぐら》の数のほうが多い」といわれたほどだ。

19世紀末には、ダイナマイトを発明したアルフレッド・ノーベルの兄ルドヴィッヒが油田を開発し、カスピ海で世界初の石油タンカー「ゾロアスター号」を運航した。この名前は、アゼルバイジャンでは自然に石油が発火している場所があり、古代には火を拝むゾロアスター教徒が多かったことからきている。

現在も石油産業はさかんだ。バクーには国立石油大学もあり、潤沢なオイルマネーで築かれた巨大な高層ビルや大型ショッピングセンターが建ち並ぶ。街の住人には「あと数年でバクーはドバイのようになるよ」と豪語する人もいる。

アゼルバイジャンに限らず、黒海とカスピ海に挟まれたカフカス地方では柔道や空手など格闘技がさかんだが、バクーにはその名もずばり「ＢＵＤＯＫＡＮ」という道場があり、玄関には鎧兜《よろいかぶと》姿の日本の武者像が置かれている。

きらびやかな国際都市バクーを一歩離れると、地方は基本的に乾燥した高原地帯で、今も羊を飼って牧畜をしている人が少なくない。

古くから、ペルシャ、トルコ、ロシアなどの大帝国が勢力争いをくり返したアゼルバイジャン周辺では、民族構成もややこしく、複雑な地域対立がある。

アルメニアと接する西部のナゴルノ・カラバフ地方はキリスト教徒のアルメニア人が多く、実質的な独立国となっている。反対に、アルメニアの南部にはイスラム教徒のアゼルバイジャン人が多いナヒチェヴァン自治共和国がある。ここはアゼルバイジャンの「飛び地」なのだが、アルメニアが陸路を封鎖しているので、アゼルバイジャン本土からは飛行機を使わないと行けない。

アゼルバイジャンもアルメニアも同じソ連という大きな国の一部だった当時は、こうした問題も無理やり抑えられていたが、民族の対立はなかなか解消しない。

ジョージア（グルジア）

勇猛果敢で伝統のワインと格闘技を愛する

DATA

首都：トビリシ
人口：430万人
面積：7万km^2
（日本の約5分の1）
言語：グルジア語（公用語）
宗教：キリスト教

✿健康大国で100歳以上の老人もゴロゴロ

２０１４年10月、それまで日本では「グルジア」と表記されていたこの国は、「ジョージア」と呼ばれることになった。当のジョージア人は自国を「サカルトベロ」と呼ぶ。ジョージアという名は、ドラゴンを退治したという伝説のあるキリスト教の聖人、聖ゲオルギウス（聖ジョージ）を国の守護聖人としていたことに由来する。グルジアとはそのロシア語読みだが、旧ソ連崩壊後、反ロシア感情が高まったことからジョージアと読むことを望んでいる。

古くからジョージアをはじめとするカフカス地方は長寿の国々として有名で、

100歳以上の老人が少なくない。そこで日本でも、ジョージアの伝統的な健康食のひとつであるヨーグルトが「カスピ海ヨーグルト」と呼ばれて親しまれているが、じつはジョージア自体はカスピ海ではなく黒海に面している。

ヨーグルト以外で庶民の食事の定番は、東部ではパン、西部はとうもろこし粉のお粥、クルミや柑橘《かんきつ》類、中央アジア経由で伝わった水餃子のヒンカリなどだ。

また、4000年も前からワインが作られ、農村ではお互いに「ぶどう畑の調子はどうかい？」と聞くのが挨拶代わりになっていたという。

ジョージアの民族衣装は独特で、男性の服は胸に猟銃の弾丸を入れるポケットが並んでおり、日本の武士は刀が欠かせないのと同じように、必ず短剣を吊っている。

本場ジョージアの、カスピ海ヨーグルト。トッピングもおいしそうだ。

アニメの『風の谷のナウシカ』に登場する風の谷の住人の服装にそっくりだ。

カフカス地方では格闘技がさかんだが、とりわけジョージア人には有名選手が多い。日本の大相撲では、12年まで黒海太《こっかいふとし》（本名レヴァン・ツァグリア）が活躍していた。だが、とくに強豪の猛者《もさ》が多いのは柔道だ。1972年のミュンヘン五輪で金メダルを獲得したショータ・チョチョシビリ、92年のバルセロナ五輪で金メダルを獲得したダヴィド・ハハレイシビリなどがいる。

もともとジョージアではチダオバという相撲のような格闘技があり、古くから村相撲のように各地で親しまれていた。国家的にも有力選手を育てる方針が進められ、世界選手権でメダルを獲得できるレベルの柔道選手には、月額で25万円相当もの補助金が出るが、これは一般的な収入の10倍にもなるという。

✿地方の紛争に介入するロシアとの因縁

勇猛な格闘家が多いジョージア人は、闘争心が強く直情径行で、すぐ敵味方を分けたがるともいわれる。これは、北はロシア、南はトルコに挟まれ、紛争が絶えない状況で古くから独立を守ってきたことも関係するだろう。

じつは、旧ソ連時代の独裁者スターリンと、大粛清を進めた秘密警察長官のベリヤはジョージア出身だった。このためジョージア人の間ではソ連政府への忠誠心と反発心が複雑に入りまじっていた。ところがスターリン死後の１９５６年、ジョージアの首都トビリシで起きた民族主義的な暴動が大弾圧された。以降、ジョージア人の間では「ロシア人のやつらには従わないぞ！」という意識が根強くなったのだ。

ソ連崩壊後のジョージアでは、黒海に面するアブハジア地方と、中北部の南オセチア地方が独立を主張して紛争が続いている。とくに南オセチアはロシア領内の北オセチアとの統合を望んでいるため、２００８年には南オセチアの独立運動にロシアが介入して、危うくジョージアを後押しするアメリカとロシアの衝突に発展しかけた。

ロシアは自国内のチェチェン独立派を弾圧しているのに、ジョージアからの独立を望むアブハジアと南オセチアは支援している……なんともややこしい話だ。

ジョージアの代表的人物

エドゥアルド・シュワルナゼ

(1928年 - 2014年)

元ソ連外務大臣。旧ソ連時代の1985年、ゴルバチョフ書記長のもとで外相に就任してペレストロイカ政策に協力し、西側諸国との関係改善に努めた。ソ連崩壊後の92年、グルジア（ジョージア）国家評議会議長となり、次いで大統領となるが、不正選挙が発覚し2003年に失脚した。

ほかの地域

ロシア南部

名もない民族にもそれぞれの歴史あり

DATA

主要都市：カザン（沿ヴォルガ連邦管区　タタールスタン共和国）など
人口：5,000万人以上
宗教：イスラム教、キリスト教、チベット仏教など

ヨーロッパのすぐ近くにチベット仏教の国がある？

ひたすら広大なロシア連邦の南部には、数え切れないほどさまざまなアジア系の少数民族が住んでいる。ここで触れるのは、その中のほんの一部だ。

じつは、もっぱらアジアというよりヨーロッパに分類されるカスピ海西岸の北部には、驚くべきことにチベット仏教の国がある。それがカルムイク共和国だ。

カルムイク人の先祖は天山山脈の北方に住むモンゴル系の部族だったが、17世紀に内紛のため西へ西へと大移動し、カスピ海沿岸にまでたどりついた。

現在もカルムイクには、まるで中国の奥地のような東洋風の仏教寺院が建ち並

び、国民はダライ・ラマを崇拝している。ちなみに、ロシア革命を起こしたレーニンの曽祖父はカルムイク人だったという。ちょっと意外な話だ。

カルムイクから南方の北カフカス地方にあるダゲスタン共和国は、その名もずばり、「山の国」を意味するけわしい山岳地帯だ。山ひとつ越えればそれだけで言葉が通じなくなってしまうほど、多様なローカル言語が入りまじっている。

北カフカス地方の中でも、ジョージア(グルジア)の北にあるチェチェン共和国は、ロシアに対するはげしい独立運動を続けていることで知られる。

チェチェンでは、宗教儀式として大人数が輪になってくるくると踊ったり、座禅のような瞑想を行う、イスラム教の中でも独特なスーフィー派が主流だ。庶民の多くはお茶の時間が大好きで、ちょっとした用事でも、客が来れば必ずお茶ばかりでなくパンや肉や、炒め飯などの料理を出して盛大にもてなす。

カフカスより東のヴォルガ川流域には、同じくロシアからの独立を訴え、一度それを実現しかけた国がある。タタールスタン共和国だ。タタール人は、ロシアの人口の約4%(550万人以上)を占める最大の少数民族で、西はモスクワから、東は中国の新疆ウイグル自治区にまで散らばり、華僑のような広いネットワークを持つ。タタールスタンはその中心地で、1992年には一度主権国家を宣言したが、その後ロシア政府との交渉で、自治権の大幅拡大を勝ち取った。

お国柄がもっとわかる！
西アジア（非アラブ圏）の人々のつぶやき集

イラン・女性

欧米人だと「仕事は実力」という感じですけど、わたしは両親がイラン人ですから、年齢とか上下関係を大事にする日本の文化が理解できますよ。相手がなにを言いたいのかとか、空気も読めますしね。

イラン・男性

中学生のとき、『北の国から』を見て日本を知りました。あんなに心温まるドラマはないですよ！

イラン・男性

えーっ！　駅で流れる「白線まで下がってお待ちください」って、そういう意味なんですか！　そんなことをアナウンスしてくれるなんて、日本はなんて親切ですばらしい国なんでしょう。

トルコ・男性

日本の洗濯機はお湯がでないから、ビックリしました。空手着を何回洗濯しても、白くなりません。トルコの洗濯機はお湯がでるのが当たり前ですよ。

エリア5
中央アジア

中央アジアMAP

寒さに負けない遊牧民の末裔たち

さまざまな文化をもつ民族が、広い大地に暮らす地域。

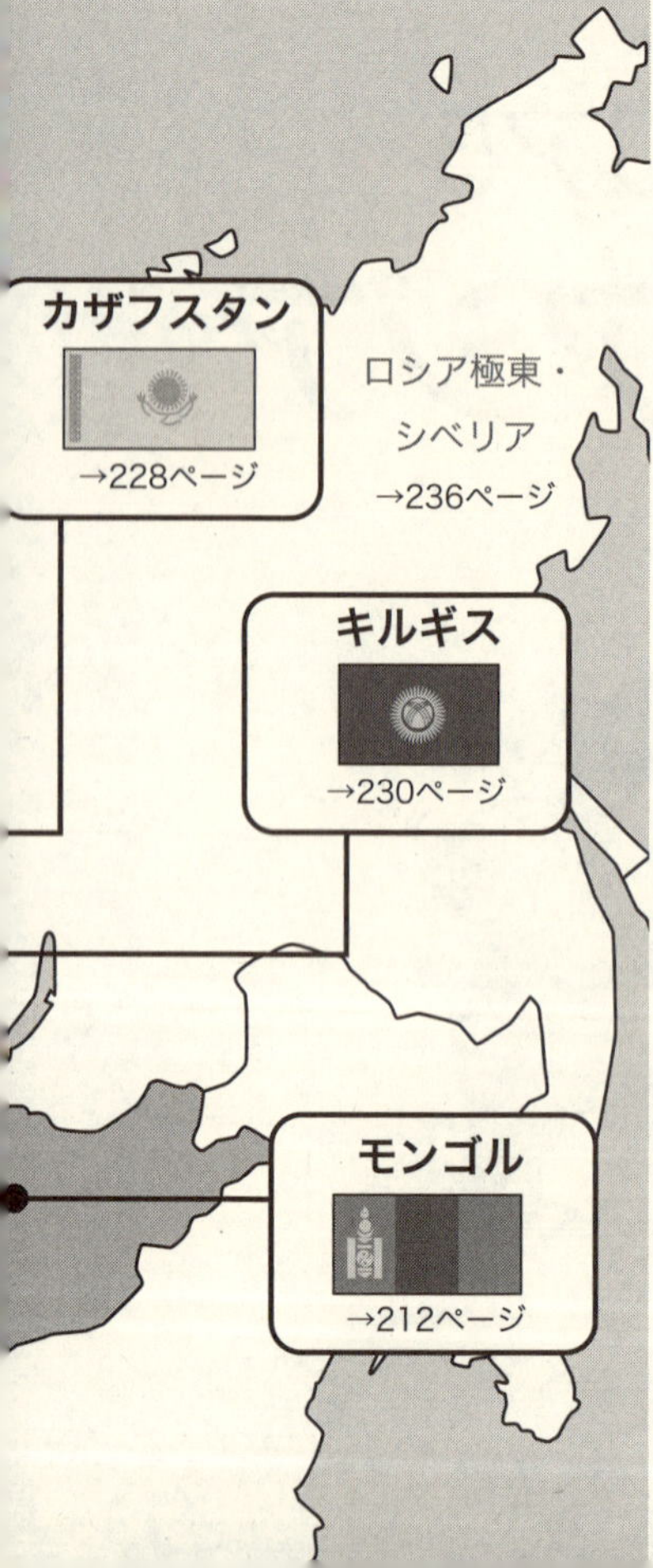

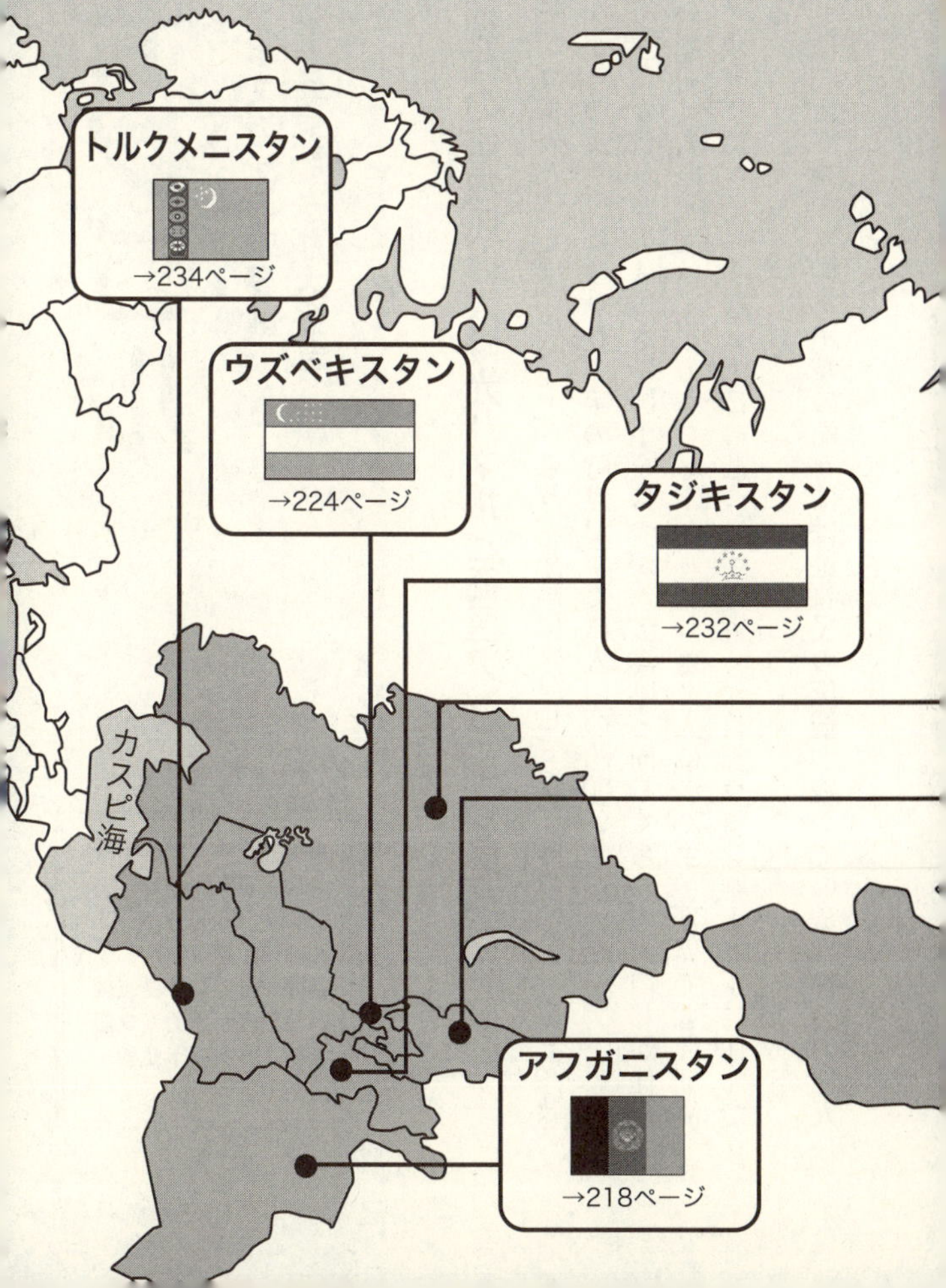

トルクメニスタン
→234ページ
ウズベキスタン
→224ページ
タジキスタン
→232ページ
カスピ海
アフガニスタン
→218ページ

モンゴル

チンギスカンの末裔は
お酒と衛星放送が大好き

DATA

首都：ウランバートル
人口：293万300人
面積：156.4万km^2
（日本の約4倍）
言語：モンゴル語（国家公用語）、カザフ語
宗教：チベット仏教

現代の遊牧民は太陽光パネルと衛星アンテナを愛用

モンゴル人といえば、馬や羊とともに草原を放浪してきた遊牧民だが、じつは、昔ながらの遊牧民は2001年の時点ですでに人口の約20％しかいない。

モンゴルは日本の4倍もの国土を持つが、広島県と同じぐらいの人口しか住んでいない。人口密度は1平方キロメートルにつき2人に満たず、世界でも最下位だ。現在では、その少ない人口のじつに半分近くが首都ウランバートルに住んでいる。

とはいえ、ライフスタイルの端々には遊牧民の伝統が残っている。都会の住人

いっけん無愛想だ
が義理堅い気質
寒さに耐えるため強めの
お酒をたくさん飲む
アルヒ
ARKHI
ARKHI
ゲル
地方の遊牧民は
今でも乗馬と弓
が得意

ナーダム祭の閉会式でみられたパレード。

はみんな馬ではなく自動車に乗るが、今でも運転手は「手綱の人《ジョローチ》」と呼ぶのだ。また、モンゴルでは最大の行事となる7月のナーダム祭では、ウランバートルの住民もみんな、モンゴル相撲、馬術、弓射という伝統の武芸に熱中する。

昔ながらのモンゴル人は気前がよいが、人から物をもらっても、いちいち派手に「本当にありがとうございます！」などと感謝の言葉を口にしない。これは礼儀知らずなわけではなく、古くから、羊を解体したらみんなで分け合って食べたり、他人の家を訪れるときは手みやげを持っていくのが当たり前の習慣だったからだ。

モンゴルでは社会主義の時代に女性の社会進出が拡大したので、都市部の勤め人はほとんどが夫婦共働きだ。遊牧民は今も伝統的な円筒形の天幕（ゲル）で生活するが、昔と違うのは太陽光パネルと衛星アンテナが必需品となっていること。衛星通信網が発達しており外国のテレビ番組も自由に観られる。そのためか21世紀に入って以降は、日本よりも先に韓流ドラマのブームが到来している。

近年、海外ではカシミア商品が大人気なので、遊牧民の間では羊ではなく山羊の飼育がブームだ。また、金、銀、銅、レアアースなどの鉱業もさかんになっている。おかげで、都市部にはカシミア成金や資源成金が現れ、ベンツやアルマーニなど高級車・高級ブランド品を買いあさる人も少なくない。もっとも、資源採掘のため自然破壊が進み、放牧に適した土地が減るのを危惧する声もある。

食事はほとんど肉ばかり

ウランバートルは世界の首都ではいちばん寒い。高原地帯なのに加え、内陸なのでヨーロッパの都市のように暖流の影響もまったく受けないからだ。年間の平均気温は0度ぐらいで、1月の平均気温はなんとマイナス22度にもなる。

そんな寒さをまぎらわせるためか、とにかく大酒飲みが多く、町中には酔っぱらいがごろごろいる。モンゴルでよく飲まれるアルヒというウォッカは、アルコール度数が30～50度もある。飲食店では、アルヒと言わなくても「100グラム頼む」といえばそれだけで通じて、アルヒが100グラム出てくるという。

寒冷で乾燥した土地のため、モンゴルでは畑作農業が長らく発達しなかった。

このため食生活は羊の肉と乳製品が中心だ。肉入りの饅頭のボーズや餃子のバンシが主食だが、とにかく肉ばかり食べているので肥満や成人病が多い。近年になって輸入食材が広まるまで、緑の野菜を食べる習慣はほとんどなかった。

ちなみに、調味料は内陸で採れる岩塩のみを使うのが伝統。寒冷な気候のため肉の保存には困らないので、香辛料を使う習慣もなかった。しかし、近年は韓国料理店が進出したことで唐辛子を使う料理が広まっているという。

仏教の復興で中国が弾圧するダライ・ラマを信仰

モンゴルはチベット仏教の国だ。仏教では殺生を禁じるので、かつては伝統的な獣肉食を許可する代わりに川魚の殺生をタブーとしていた。魚は食べても肉食を禁じた江戸時代までの日本とは逆だ。

1910年代に中国の清王朝からの独立運動が起きたときは、チベット仏教の高僧だったジェプツンダンバ法王が一時的に王にかつがれている。

社会主義の時代、伝統的なモンゴル文字が廃止されてロシアと同じキリル文字が普及し、仏典が廃棄されるなど宗教活動も制限された。しかし、90年代以降は仏教の復興が進み、国民の多くは中国政府が弾圧するダライ・ラマを崇拝している。

現代のモンゴルは、経済面では輸出も輸入も中国が最大のビジネス相手だが、蒙古族（モンゴル族）と漢民族の間には2000年以上も前からの対立感情がある。

中国内にある内モンゴル自治区は、漢民族の移住が進んでモンゴル固有の文化がかなり失われてしまったうえに、60年代の文化大革命の時期にモンゴル人の民族主義者が弾圧された。近年のモンゴルでは、中国の投資家が資源を買いあさることへの反発もあり、「中国人を叩き出せ！」と過激な主張をする民族主義団体も台頭している。

一方、日本との関係も、長い間あまり良好とはいえなかった。戦前の39年には、満州にいた日本の関東軍とソ連・モンゴル連合軍の戦闘（ノモンハン事件）が起きたため「旧敵国」の扱いが続き、日本との交流が本格化したのは、やっと90年代以降のことだ。しかし、近年は日本へのカシミアやレアアース輸出が拡大し、モンゴルから日本に留学する学生も急速に増えている。

モンゴルの代表的人物

朝青龍明徳

(1980年 -)

本名ドルゴルスレンギーン・ダグワドルジ。ウランバートル出身の元力士。少年時代からモンゴル相撲で活躍、1997年に来日し、若松部屋（高砂部屋）に入門する。2003年には横綱に昇進した。帰国後はモンゴルレスリング協会の会長を務めている。

アフガニスタン

争いが絶えないが客人はいつでも歓迎

DATA

首都：カブール
人口：2,982万人
面積：65.2万km²
（日本の約1.7倍）
言語：ダリー語、パシュトゥー語（共に公用語）、ハザラ語、タジク語など
宗教：イスラム教

復興中の首都では美容整形もひそかに人気

アフガニスタンではずっと戦乱が続いているが、首都カブールではだいぶ復興が進んでいる。にぎやかな町中では、中古の日本車や、馬車ならぬロバ車のほか、大量の羊が行き交うのがおなじみの風景だ。のどかというべきか、首都の幹線道路でも自動車より羊の群れのほうが優先される。ところが、そんな光景の上空を軍用のヘリコプターが飛んでいるなど、戦場の雰囲気と日常が同居した状態だ。

地方に行くと女性はイスラム教のルールで顔も全身も覆い隠す服装をしている場合が多いのだが、カブールには女性向けの美容整形外科病院もある。以前なら

カブールにあるアブドゥッラフマーン・モスク。

戦闘などで顔に受けた傷をきれいに治しに来る患者がメインだったが、最近は、しわ取りや豊胸など純粋に見た目を美しくしたい女性患者が増えているという。

もともとアフガニスタンの女性はオシャレ好きの人が多いようで、イスラム過激派のタリバンが全土を支配していた当時も、なんとわざわざ自動車で10時間もかけてこっそりパキスタンの美容院に通っていた人もいるらしい。

戦乱と貧困が続く土地では肉体労働以外にわざわざ体を動かす気も起きないだろうが、カブールではフィットネスクラブに通って汗を流す男性もいる。日本やアメリカなどの先進国の援助もあり、生活に余裕がでてきた証拠だろう。

ただし、地方では相変わらず戦乱の跡

が残り、電気や水道が充分に使えない貧しい地域が大部分だ。戦乱のため充分に教育を受けられなかった人がいて、大人でも年齢を聞かれると「う〜ん、たぶん○歳ぐらいのはずだと思う」と答えたり、自分の正確な年齢がわからないという人もめずらしくない。

地方の貧困層には、てっとり早く副収入を得るため、こっそりと麻薬のアヘンの材料になるケシを栽培している農民もいる。とくに、アメリカを中心とするNATO（北大西洋条約機構）の撤退が決まった2013年には、今後は治安が悪化して財産を失う可能性が高くなるという不安からケシを栽培する人が増えた。

そんな状況だから、アヘン中毒者もたくさんいる。なんと、赤ん坊が泣き止まないとおとなしくさせるためにアヘンを吸わせる人もいる。10年当時の調査では国民の約8％が麻薬中毒者で、これは世界平均の2倍の数字だという。

もっとも、アフガニスタンの人々は、客人をもてなすのが大好きな明朗な人たちだ。顔なじみではない外国人が来ても「お茶を飲んでいかないか」と言って声をかけ、おしゃべりに誘う人が少なくない。

地方の軍隊は銃ではなく鍬を持って訓練？

アフガニスタンの戦乱は長い。1979年にソ連軍の侵攻を受け、アメリカなどの支援を受けた各地の義勇兵がこれを勇敢に迎え撃った。ところが、ソ連軍の撤退後は義勇軍の内紛が起こり、99年にはイスラム過激派のタリバンがほぼ全土を支配してしまう。その後、アメリカ軍の介入でタリバン政権は壊滅するのだが、地方ではいまだにタリバンが勢力を保ち、戦闘が続いているという状態だ。

町では破壊されてしまった家屋や、逆に戦闘が沈静化してから勝手に建てられた住居も多く、避難してもとの住居を離れてしまった人も多い。このため、苦労させられているのが郵便配達員だ。首都カブールでは長年、何丁目の何番地といった住所制度が機能しない状態が続いており、配達員は「○○さんの家はどこですか?」と、街の住人に聞きながら手紙を届けるのが通例になっている。

さて、なぜ戦乱が収まらないのか? それは国に一体感を持ちにくいためだ。

アフガニスタンは多民族国家で、いちばん数が多いパシュトゥーン人でも人口の約40%しかいない。外見もバラバラで、浅黒くて彫りが深い人もいれば西洋人にしか見えないような色白の人もいるし、人口の約10%を占めるハザラ人は日本人や中国人に似た東アジア系の顔だ。

加えて、地形は山ばかりで交通の便が悪いため各地域が分断され、さらに各民族が細かい部部族に分かれ、部族ごとの地縁・血縁の結びつきが強い。つまり、山をひとつ越えれば、それぞれに違う「地元の親分」がいるというわけだ。

こうした事情もあって、ソ連軍の撤退後、各地には「この地域はオレたちが仕切る」という軍閥が乱立し、まるで日本の戦国時代のような群雄割拠の状態になっており、なかにはタリバンに与《くみ》する軍閥もいるというわけだ。

とはいえ、地域によっては、こうした軍閥の下級の構成員はまったくの素人の場合もある。農民を半ば無理やり徴用して、軍服もないふだん着の農民に銃の代わりに鍬《くわ》を持たせて大まじめに軍事訓練をやっている軍閥もあるという。

ちなみに、タリバンが愛用するアイテムのひとつはホンダの小型バイクで、タリバンの機関誌『アザン』では司令官の一人が、「ホンダのバイクは現代の戦馬のようだ」と絶賛したこともある。

闘犬や凧揚げまで禁止してしまったタリバン

タリバンは、女性が教育を受けることを禁止するなど、男尊女卑的な習慣を強制したことで悪名高いが、もともとアフガニスタンは女性の貞操に厳しい。タリバン政権の崩壊後も、親が決めた結婚相手以外の男性の子どもを妊娠した女性が刑務所に入れられたり、なんと女性をレイプした男性ではなくレイプされた女性のほうが刑務所に入れられるという理不尽すぎる話もある。

さらに、地方では結婚前にわざわざ新婦が処女かどうかを医者に検査させる場合もある。とはいえ、日本と同じくホンネとタテマエがあり、男性経験のある女性とわかっても、表向きは処女だと答えておく医師もいるようだ。

音楽を聴くのも禁止で、運悪くタリバンに見つかると携帯プレイヤーなどを取り上げられて目の前で壊されたうえに、髪の毛やヒゲをそり落とされるという処罰を受ける。

そればかりか、タリバンはアフガニスタンの庶民にとっては伝統的な楽しみの闘犬や凧揚げも禁止してしまった。現在ではそれらも復活しており、カブール郊外での闘犬の試合には数千人の観客が集まって盛り上がっている。

アフガニスタンの庶民は闘犬のほかにも動物同士のバトルが好きなようで、いかにも古くから牧畜で栄えた民らしく、新年のお祝いでは羊同士やラクダ同士を戦わせる競技が人気だ。人間同士の戦いよりはずっとよいだろう。

アフガニスタンの代表的人物

カーレド・ホッセイニ

(1965年 -)

カブール生まれの作家。1980年に一家でアメリカに亡命し、成人後は内科医となる。2003年に発表した小説『カイト・ランナー』(邦題「君のためなら千回でも」)は、戦乱に巻き込まれたアフガニスタンの少年の物語で、世界的なベストセラーとなり、07年には映画化された。

ウズベキスタン

家族思いなシルクロードの商売人

DATA

首都：タシケント
人口：2,890万人
面積：44.7万km^2
（日本の約1.2倍）
言語：ウズベク語（公用語）
宗教：イスラム教

結婚式の客が200～300人はザラ

シルクロードの真ん中にあるウズベキスタンは、中央アジア諸国ではいちばん人口が多く、石油や金も産出されるため財政は安定している。国土はほぼ乾燥地帯だが、オアシス都市の首都タシケントは意外なまでに緑が多い。

古くから東西交易に関わってきたウズベク人は、商売上手で金にはうるさいとも言われるが、職場の人間関係やイスラム教の信仰と同じくらい地縁、血縁を大事にする。古くからマハッラという地域単位の町内会のようなものがあり、マハッラの長老はみんなの相談役だ。職がなければマハッラで世話してやり、非行に走

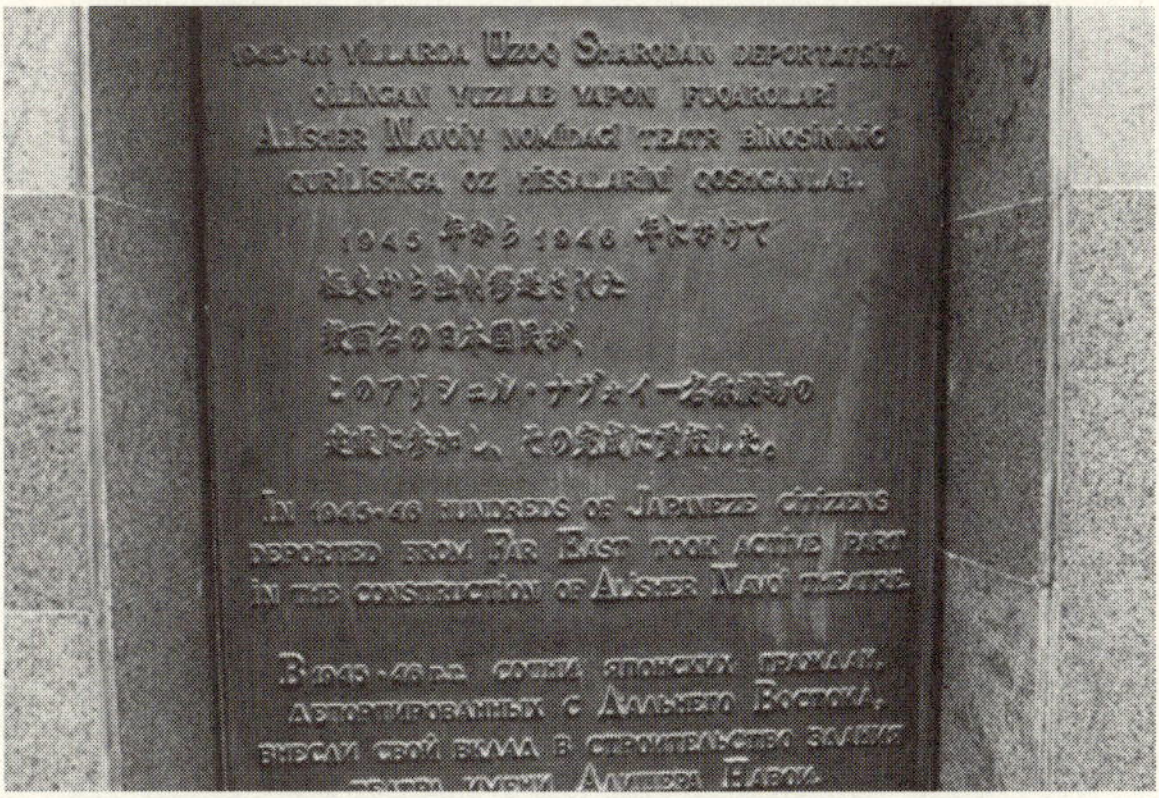

ナヴォイー劇場のプレート。ウズベク語、日本語、英語で記されている。

る少年がいても、警察に出す前に、まずマハッラの年長者が呼びつけて叱る。

近年は核家族化が進んでいるが、親類や地域のつきあいを重視するためか、結婚式にはなんと200〜300人ぐらいも呼ばれるのが通例だ。

日本人には違いがわかりにくい中央アジア諸国だが、大まかに言えば、ウズベク人から見るとタジク人は生活慣習も近しい仲間で、カザフ人は広大な土地を放置している怠け者と見なされ、カザフ人とキルギス人は仲間意識があるという。

ウズベキスタンの都市を歩く人の顔は、日本人のような東アジア系やロシア系の白人など多様だ。とはいえ、欧米との接点はまだまだ少なく、2005年の調査では「英語がまったく話せない」という人が約60％を占める。もっとも、この数字はまだ良いほうで、ほかの中央アジアの旧ソ連圏の国では75％以上になる。

街の市場では、意外にもキムチや豆腐、味噌やしょうゆなど東アジア系の食材もさかんに売られている。それもそのはずで、じつはウズベキスタンには約18万人もの朝鮮系の住人がいるのだ。彼らはスターリン時代に極東から中央アジア各地に強制移住させられた人々の子孫で、現在では朝鮮語を話せない人が大多数だ。しかし、韓国はウズベキスタンに友好的で、町中では韓国との合弁会社によって生産された自家用車が多く走っている。

日本人捕虜には好意的だった、ウズベキスタン人

ウズベキスタンをはじめ、中央アジアにはかつて日本人も数万人いた。第二次世界大戦の終結後、ソ連軍によって満州からシベリアに連行された捕虜だ。現地には日本人捕虜の墓地もある。スターリンは一度この墓地を破壊する指示を出したが、ウズベキスタンの人々は日本人捕虜に好意的で、命令を無視したという。

タシケントにあるナヴォイー劇場には、「1945年から46年にかけて極東から強制移送された数百名の日本国民が、このアリシェル・ナヴォイー劇場の建設に参加し、その完成に貢献した」と日本語で書かれたプレートがある。このため、

一部では日本人の手だけで完成した劇場だと思われているが、実際には、ドイツ人捕虜や地元のロシア人やウズベク人も関わっていたそうだ。

日本には好意的なウズベキスタンだが、独立以来ずっと政権の座にいるカリモフ大統領の海外での評判は悪い。輸出産業である綿花の農場では、小学生ぐらいの子どもを労働させているためだ。

また、タシケントではバイクの通行が禁止だが、これはかつて、大統領が自分の車のそばをバイクが横切ったことに腹を立てたためだという。一方、大統領の娘はニューヨークでファッションショーを開いて非難を浴びたこともある。

もうひとつ大きな問題は、西北部にあった世界4位の広さを持つ湖のアラル海が、乾燥化のためほぼ消滅してしまったことだ。おかげで西部では真水の確保が死活問題で、東部の都市サマルカンドからパイプラインで水を輸送しているほどだ。

ウズベキスタンの代表的人物

アレクサンドル・ゲインリフ
(1984年 -)

タシケント近郊のアングレン出身のサッカー選手。2001年にドゥストリク・タシケントに入団し、02年にはウズベキスタン代表チームにも参加した。海外でも、アラブ首長国連邦のエミレーツ・クラブ、ロシアのCSKAモスクワ、韓国の水原三星ブルーウィングスなどで活躍している。

カザフスタン

寒さに強い草原の自由民の末裔

DATA

首都：アスタナ
人口：1,640万人
面積：272.5万km^2
（日本の7倍）
言語：カザフ語が国語
（ロシア語は公用語）
宗教：イスラム教70.2％、
ロシア正教26.2％

眉毛が凍る気温でもバザールは大にぎわい

世界地図でカザフスタンを見れば、その大きさに驚くはずだ。独立国になってからの歴史は浅いが、国土面積はじつに日本の7倍、世界9位の広さがある。モンゴルと同じく、乾いた大地にひたすらまっすぐな地平線が広がる草原の国だ。

国名のカザフ（カザーク）とは、ロシアでは古くから勇猛果敢な騎兵集団として知られたコサックのことで、「自由民」、または「放浪者」を意味する。

イスラム教徒が多数派だが、中国と隣接する東部では、イスラム教の寺院（モスク）にもかかわらず、まるで香港のカンフー映画に出てきそうな中華風の仏教寺院にしか見えない建物もある。また、メッカの方角に礼拝するよりもご先祖のお墓を拝むような、イスラム教というより東アジアらしい祖霊信仰が入りまじっていて、アラブ圏の国に比べると戒律を気にしない人が多い。

このため、食事でも普通に酒が出る。馬乳酒がよく飲まれるが、ロシア人の影響でウォッカ、コニャック、ワインも好まれる。田舎では、客人が来れば羊を丸ごと一頭解体して大きな鍋で煮込み、大人数の家族と一緒に食べるのが通例だ。骨以外の部分は内臓なども全部食べてしまう。

旧ソ連時代から長らくカザフの首都は、南部にある最大の都市アルマティだったが、1997年にロシアに接する北部のアスタナが新首都になった。アスタナは、まるで東京湾岸のお台場のように、未来的な巨大建築が並んでいる。じつは、アスタナの都市計画を担当したのは日本人の建築家の黒川紀章だ。

広大なカザフスタンでは気候も地域差が大きいが、アスタナはなんとマイナス40度にもなることがある。だが、ここまで気温が下がると、寒さのあまりウイルスも活動しなくなるので、かえって風邪をひく人も少なくなるそうだ。

カザフ人は、昔は簡易なテントで遊牧生活をしていただけに寒さには慣れっこのようだ。気温がマイナス20度ぐらいでもお構いなしに野外でバザールを開き、ブリキ缶で薪を燃やして暖を取りながら、小屋やテント内で売り買いするという。

キルギス

ちょっと強引な「肉食系」の遊牧民

DATA

首都：ビシュケク
人口：550万人
面積：19.9万km^2
（日本の約2分の1）
言語：キルギス語が国語（ロシア語は公用語）
宗教：イスラム教75％、ロシア正教20％

男なら好きな女は無理やり力ずくでゲット？

日本では一時、オフィスに出勤せずモバイル機器を持ち歩いて外で仕事する人を「ノマドワーカー」と呼んで話題となった。本来、「ノマド」とは遊牧民のことだ。中央アジアは本家ノマドの故郷だが、２０１４年にキルギスの西北部にある都市チョルポンアタで、「第1回ワールド・ノマド・ゲームズ」が開かれた。これは馬術や狩猟など遊牧民の伝統競技の国際大会で、アゼルバイジャン、カザフスタン、モンゴル、タジキスタンほか多くの国から選手が集まったという。

中国の新疆ウイグル自治区と隣接するキルギスの人々は、中央アジアではもっとも日本人によく似た東アジア系の顔だ。日本と同じく屋内では床の上に直接座る生活スタイルで、牧畜民らしいテント生活の人は減っているが、イランやトルコのように、どこの家でも床には非常にカラフルなじゅうたんが敷かれている。

中央アジアではイスラム教が主流だが、戒律に対してはルーズでお酒を飲む人が多い。キルギスも同様で、市場では、羊肉、牛肉、馬肉、鶏肉のほか、堂々と豚肉も売っている。また、市場で売られている米の種類も、長粒の米、小粒の米、朝鮮米、赤く見えるオズギョン米など、さまざまな種類がある。

ほかの中央アジアの旧ソ連圏の国はほとんど独裁政権が続いているなか、キルギスは唯一、民主的な政権交代がくり返され、欧米との関係もわりと良好だ。だが、問題がないわけでもない。キルギスの一部では、なんと、男性が一方的に女性をさらってきて妻にしてしまう「誘拐婚」が横行しているのだ。

この習慣は現地で「アラ・カチュー」と呼ばれ、警察や裁判官も「親族間のもめ事」と見なして積極的には処罰しない。当然ながら抵抗する女性もいるが、周囲の年長者も認めている習慣なので、誘拐された女性の8割が、結局はやむなく結婚を受け入れているという。もっとも、本来は結婚したくても親の同意を得られないカップルが駆け落ちの一種として行なうものだったという説もあり、「誘拐婚はキルギスの伝統ではない」と主張している人もいる。

タジキスタン

万年雪が見える「世界の屋根」の住人

DATA

首都：ドゥシャンベ
人口：820万人
面積：約14.3万km^2
（日本の約0.4倍）
言語：タジク語（公用語）
宗教：イスラム教

「男性の教師はヒゲ禁止」という決まりのナゾ

日本からは縁遠い中央アジアの国々でも、とくに名前を聞くことが少ないのが、「世界の屋根」とも呼ばれる標高4000メートル級のパミール高原に位置するタジキスタンだ。ネパールやブータンと同じく、まるで陸の孤島のような内陸国だが、万年雪に覆われたパミールの山々の風景は荘厳な美しさがある。

この国では2009年に教育省が「男性の学校教師はヒゲを伸ばしてはいけない。50歳以上なら3センチまでOK」という、変わった布告を出している。

なぜこんな決まりがあるのか？　タジキスタンはアフガニスタンと隣接してい

るため、イスラム過激派のタリバンがたびたび侵入しているが、タリバンに加わるような信仰熱心なイスラム教徒はたいていヒゲを伸ばしているからだ。隣国のウズベキスタンはもっと厳しく、一時期、イスラム過激派を取り締まるため「ヒゲを伸ばした男性は即逮捕!」という命令が出されたこともある。

ちなみに「教師のヒゲ禁止令」と同時に、「教師は長靴で授業してもよい」という布告も出ている。タジキスタンの山地では大雨が多いからだ。

中央アジアは独裁体制が多い代わりに大きな戦乱は少ないが、タジキスタンは唯一、ソ連崩壊後に旧共産党勢力と反政府勢力の内戦を経験した。このためもあって、旧ソ連圏ではもっとも貧しい。2013年の一人当たりGDPは1000ドルあまりで、カンボジアやバングラデシュと同じぐらいだ。

貧困のためか、旧ソ連崩壊後は病気になっても病院に行くより伝統的なまじないなどに頼る人がめっきり増えている。そこで、政府がわざわざ「占いのような迷信や冠婚葬祭にお金を使うな!」という布告を出したこともあるほどだ。

タジキスタンを訪れる外国人はきわめて少なく、治安も良いとはいえないのだが、旅行者が数少ない英語の通じるタジキスタン人から非常に親切にしてもらったという話もある。逆に言えば、外国語を学んでいるタジキスタン人にとって、海外からの観光客と接するのは貴重で喜ばしいことなのだろう。

トルクメニスタン

不自由は多いが一応は平和な資源大国

DATA

首都：アシガバット
人口：530万人
面積：48.8万km^2
（日本の1.3倍）
言語：トルクメン語
（公用語）
宗教：イスラム教

小学生は全員ノートPCがタダでもらえる？

カスピ海に面するトルクメニスタンは、国名でわかるようにトルコ族の国で、ひところは「中央アジアの北朝鮮」と通称された珍妙きわまる独裁国家だった。

独立以来ずっと政権の座についていたニヤゾフ前大統領は、国民にひたすら個人崇拝を強いた。あらゆる場所に自分の銅像を建て、お札や貨幣、飲み物の瓶や缶にまで自分の肖像をつけさせた。さらに、水の日、じゅうたんの日、競走馬の日、メロンの日など、名産品や自分の好物にちなんだ祝日を次々と作っている。

一方、言論の自由はほぼゼロ、インターネットも利用できず、海外の報道を目にすることができない情報鎖国体制を強いた。さらに、ニヤゾフは「田舎者はどうせ本なんか読まないだろ」と地方の図書館を閉鎖し、学校ではニヤゾフの著書『ルーフナーマ（魂の書）』を読むことが義務づけられた。

ただし、世界第4位の埋蔵量ともいわれる豊富な天然ガス資源があるので、国民には一応、最低限の生活は保証され、電気、ガス、水道は無料だ。

また、政情の不安定なアフガニスタンやイランと隣接しているが、1995年には永世中立国を宣言したので、とりあえず国民に戦争の心配はなく、首都アシガバットには「中立の塔」という名物の巨大なモニュメントがそびえ立っている。

こうした政策を進めたニヤゾフ前大統領は、1999年に「生涯現役」の終身大統領を宣言したのだが、皮肉にも2006年には心臓発作で急死してしまった。

その後のトルクメニスタンは独裁を脱して、少しずつ自由化が進んでいるといわれるが、相変わらず国民の生活の実情はナゾが多い。なにしろ犯罪統計をいっさい公表していないため、治安の実情もよくわからないぐらいだ。

もっとも、資源は豊富で最近は中国の支援もあるため、2011年には教育省が小学校の1年生全員に中国製ノートPCを無償提供するという太っ腹なところを見せている。とはいえ、インターネット回線の発達が遅れているので、常時接続はなんと月額50万円以上もするというから、相変わらず不自由は多いようだ。

ほかの地域

ロシア極東・シベリア

雪と森林の土地に生きる日本のお隣さん

DATA

主要都市：ノヴォシビルスク（シベリア連邦管区　ノヴォシビルスク州）、ウラジオストク（極東連邦管区　沿海地方）、ユジノサハリンスク（極東連邦管区　サハリン州）
人口：3,900万人以上
宗教：キリスト教

現地の言葉になった日本語も

シベリアの東部にロシア人が住みついたのは日本が江戸時代のころで、現在のロシアの東半分には、古くから東アジア系のいろいろな民族が住んでいた。

バイカル湖に面するブリヤート共和国はモンゴル系の国で、住民は日本人とほとんど変わらない顔をしている。ブリヤート族をはじめシベリア先住民の間では、モンゴルと同じくチベット仏教徒が多いが、古来から天を崇めるシャーマニズムもさかんだ。お祓《はら》いや祈禱《きとう》を行なうシャーマンは日本の神社の神主のようなもので、なんだか、仏教と神道が混在して信仰される日本と似ている。

日本でも北海道でアイヌ語を話す人間はすっかり減少しつつあるが、シベリアの先住民には、ユカギル人という現在ではわずか50人未満しかいない少数民族もいる。放っておけば絶滅してしまう状況だ。数が減ったもともとの理由は、ロシアのコサックが持ち込んだ天然痘とアルコール依存症が広まったためだという。

ロシア極東地域の中でも、サハリン（樺太）南部と千島列島は戦前まで日本領だった。ロシア人のほか土着のギリヤーク人（ニヴフ）や日本統治時代に徴用された朝鮮人の子孫などが住んでいるが、今も日本語を話す人が少数いるし、漁民にはアメマスやイトウなど一部の魚の名前を日本語で呼ぶ人もいる。

ロシアが実効支配する北方四島（国後島《くなしり》、択捉島《えとろふ》、歯舞島《はぼまい》、色丹島《しこたん》）は、ソ連時代に多くのロシア人や、ウクライナ人やチェチェン人まで移住してきた。僻地《へきち》の分だけ年金や各種の手当てが充実していたからだが、年配者には、日本が返還を要求している土地だとわかっていれば移住していなかったという人もいる。

北方四島では長らく道路の舗装など土地開発はなかなか進まず、日本人が住んでいた当時と変わりない手つかずの自然が多く残っている状態だった。ところが、近年は急速に開発が進み、択捉島には新しい空港も建設されている。択捉島はあちこちに温泉があり、もとより住民は日常的に利用していたが、これを生かした観光リゾート化をサハリン州の企業が積極的に進めているという。

お国柄がもっとわかる！
中央アジアの人々のつぶやき集

モンゴル（中国・内モンゴル）・男性

昔のモンゴル語は、縦書きしかありませんでした。今のモンゴルでは、ロシア語表記のモンゴル語になっていて、昔からのモンゴル語を使っていません。むしろ中国にある内モンゴルのほうが、昔のモンゴル語を残そうという運動があるんです。

ウズベキスタン・女性

カザフスタン、ウズベキスタン、アフガニスタンなどの「スタン」というのは、「国」という意味です。

カザフスタン・女性

え!?　日本人の男性も浮気をするんですか？　みんな、あんなにまじめそうな顔をしてるのになぁ。

キルギス・女性

キルギスでの日本人のイメージは、「嘘をつかない」「物を盗まない」です。「あなたは日本人のようになりなさい」なんて言われたりします。

エリア6
東アジア

東アジアMAP

アジアの中心は自分たちだと思っている人々

中国を中心に、もっとも東のアジアに誕生した文化圏。

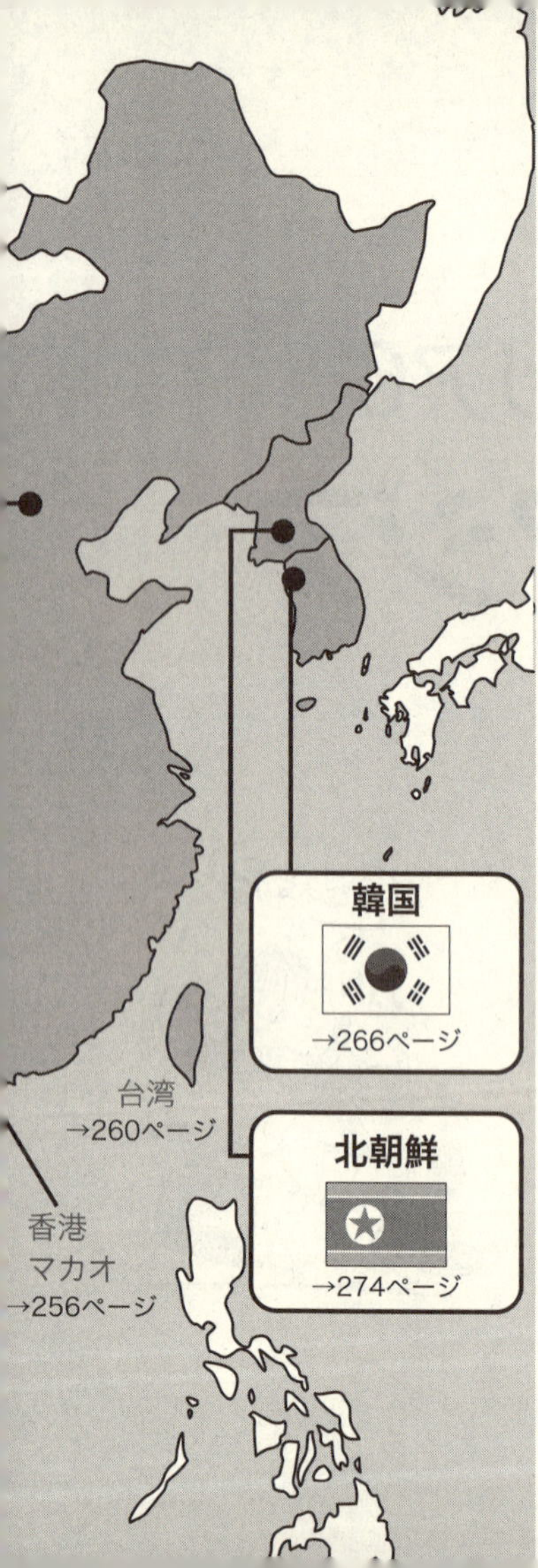

中国
→242ページ
ウイグル
→254ページ
チベット
→250ページ
ベンガル湾

中国

赤色と「8」が好きで縁起が大事

DATA

首都：北京
人口：約13億5,000万人
面積：約960万km^2
（日本の約26倍）
言語：中国語
宗教：仏教、イスラム教、キリスト教など

同じ国でも海外より遠く言葉が通じない

今さらながら中国は広い。チベットやウイグル、香港など独自性の強い地域を別にしても、南北で約5500キロ、東西で約5000キロもの広さがあり、日の出にも2時間の時差がある。気候も北部は寒帯、南部は熱帯に属する。

そこに住む人々の生活もまったく違う。都市部と地方、富裕層と貧困層、漢民族と少数民族と、それぞれに異なった暮らしや性質があるのだ。

標準語は、北京語をもとにした「普通話」で、約9億人が使用している。英語を上回り世界一多くの人が母語とする言葉だ。しかし、13億人もの人口を抱えて

海外の弾丸旅行ではとにかくショッピング
ひとりっ子政策と生活水準の上昇でワガママに
您好!!
旅游
カップラーメン
オシャレに目覚めて人民服をダサいと感じる
Nikon
美味~!!
美味~!

いるということは、残る4億人は別の言葉で話しているということだ。

中国語には、上海語や広東語などの方言があり、北京語も含めて七大方言と呼ばれている。これらはまったく別の言語といえるほど違っている。学校では普通話を教えるので、福建省の人が北京に行っても困らないが、反対に北京の人が福建省に出張に行った場合、言葉がまったく通じず苦労することになる。ただ、発音は違っても使用する文字は一緒なので、筆談でならなんとかなる。

文字のほうも日本で使われているような昔ながらの繁体字《はんたいじ》と、簡略化された簡体字がある。現在では学校でも簡体字しか教えず、パソコンでも簡体字で表示されるので、繁体字が読めない若者も多い。古典文学や歴史書などは繁体字で書かれているので、歴史や古典が苦手となっている。

一方、香港では繁体字を使うため、カラオケで香港の流行曲を歌おうと思うと混乱することになる。

ただ、最近は若者の間で繁体字を使うのが流行している。2ちゃんねる用語のような使われ方で、あえて難しい字を使って皮肉ったりするのだ。まるで漢字をクールだと思う欧米人のようだ。

ちなみにクールは「酷」と書く。良い意味ではないが、外国語も漢字に置き換えるため、意味よりも発音が優先されるのである。

中国にたくさん出店している「味千ラーメン」。

潜水艦と飛行機以外何でも食べる?

中華料理は、世界三大料理のひとつに数えられる。世界中に華僑が進出してチャイナタウンが作られている。豪華な料理から気軽なファストフードまで世界中に愛されているといえる。中国人の食に対する貪欲さは特別で「飛んでいるものは飛行機以外、水のものは潜水艦以外何でも食べる」といわれる。これに、「二つ足は親以外、四つ足は机と椅子以外」と加わる場合もある。

広いだけあって料理の種類も多彩で、だからこそ「満漢全席」のような美食の極みともいわれる宴も生まれたといえる。

一般に北京《ペキン》ダックなどの「北京料理」、麻婆《マーボー》豆腐の「四川《しせん》料理」、飲茶《ヤムチャ》の「広東《カントン》料理」、上海ガニで有名な「上海《シャンハイ》料理」を四大中国料理と呼んでいるが、八大、十大、十二大などに細分化される。おおまかに「南淡（あっさり）、北鹹（塩からい）、東酸（酸っぱい）、西辣（辛い）」と味付けで大別されているが、もちろん例外もある。

中華料理の代表といえば、やはり「餃子」ということになるだろう。餃子は点心の一種で、北方では年越しに餃子を食べて、正月は家族麻雀を楽しむのが定番だ。中国では餃子は「水餃子」か「蒸し餃子」が普通なので、焼き餃子がメインの日本の餃子チェーン「餃子の王将」が中国進出したものの失敗している。

一方で、熊本生まれのとんこつラーメンチェーン「味千ラーメン」は、日本で100店舗ほどなのに、中国では600店近くを展開する人気店となっている。言うまでもなくラーメンは中華料理が発祥だが、日本で進化したラーメンも大好きなのだ。味千ラーメンのスープが、お店での手作りではなかったとわかったときは大騒ぎになった。日本に来た観光客が食べた料理ランキングでも、寿司や刺身などの日本料理の次にラーメンが入っている。同じく日本生まれのインスタントラーメンも人気で、年間460億食が食べられている。

なお、中国では食事は「満足した」ことを伝えるために少し残すのがマナーだ。ただそれは、あくまでもレストランでの食事や招待された場合の話。味千ラーメンはファストフード扱いなので、中国人でも完食している。

共産党が生まれる前から「赤」が好き

ソ連崩壊後も社会主義を貫いている中国の国旗は赤色だ。赤は共産主義の色としてロシアやベトナムの国旗にも使われている。

ただ、中国は共産主義になる前からずっと赤が好きだった。漢民族は、赤色に魔よけの力があると考えていた。「幸福、成功、生命力」を表す縁起の良い色として昔から使われてきたのだ。

新年のお祝い（旧正月）では家々も通りも真っ赤に飾り立てられる。赤いちょうちんやステッカー、爆竹まで赤い。結婚式は「赤事」と呼ばれて赤い幕を張り、「紅包（ホンパオ）」という真っ赤なご祝儀袋でお祝いする。なんと新婦のウェディングドレスも赤だ。最近は欧米化して、純白のウェディングドレスも増えているが、本来白はお葬式で着る服の色で、抵抗を感じる人もいるようだ。

もうひとつ中国人がこだわりを持つのが、数字の「8」だ。日本でも「八」は末広がりで縁起が良いとされているが、中国では発音が「発《パー》」に似ていることから「発展する」「拡大する」という意味に通じるとされる。

自動車のナンバープレートに8のついた車は、ほとんどが高級車だ。数十万円で取引されるほど人気が殺到するためだ。電話番号も、企業やブランドが8のついた番号を奪い合っている。婚姻届の提出日やイベントの開催日、ホテルの部屋番号や受験番号まで8がついていると喜ぶのだ。北京オリンピックも2008年8月8日午前8時8分に開会だった。

ほかに、サイコロで最大の数字の「6」、永久の久と発音が同じ「9《チウ》」、8と9を超えるとして「10」も縁起が良い。反対に、「4」が死に通じると敬遠されるのは日本と同じだ。中国人は数字にはかなりのこだわりがあるのだ。

ポルノが禁止なのになぜセクシー女優が人気？

今や世界第2位の経済大国となった中国は、好景気にわいている。その結果、中国人の観光客が団体で世界中に押し寄せている。個人ではなくやたらと団体で見かけるのは、一部の富裕層以外では個人旅行が制限されていて、団体ツアーが一般的なためだ。携帯電話普及率もネット普及率も右肩上がりで、ポータルサイトでは「百度《バイドゥ》」、SNSでは中国版ツイッターの「微博《ウェイボー》」が、圧倒的なシェアを誇っている。

一方でネット規制も多く、天安門事件の6月4日は関連する言葉をつぶやいただけですぐにシャットダウンされる。しかし、若者たちはなんとか規制をかいくぐり、海外の情報を入手しようとハッキング技術を向上させている。

そんな現状を反映しているのが、中国における蒼井そら人気だろう。日本のセクシー女優の蒼井そらは、微博のフォロワー数が1400万人を超え「中国一有名な日本人」といわれている。中国ではポルノ規制が厳しく、出演作品など見られないはずだが、海賊版などで広まりネットでも拡散されている。

蒼井そら自身も中国語に堪能で、親近感を抱きやすかった点が人気の秘密といえる。眉をひそめる人もいるが、サッカーのAFCチャンピオンズリーグでは「尖閣諸島は中国のもの、蒼井そらはみんなのもの」という横断幕まで掲げられた。

中華人民共和国の代表的人物

劉暁波（リュウ・シャオボー）

(1955年 -)

吉林省出身の民主運動家。北京師範大学講師となり、その後アメリカの大学で客員研究員として滞在。1989年の天安門事件で逮捕され、その後も投獄と釈放をくり返される。2010年にノーベル平和賞を受賞。しかし、中国当局に出国を阻まれ授賞式には参加できなかった。現在も服役中。

ほかの地域

チベット

ダライ・ラマ不在の自治区で信心深く暮らす

DATA

主要都市：ラサ
人口：約270万人
面積：122.8万km²
（日本の約3倍）
言語：チベット語、中国語
宗教：チベット仏教、ボン教

素朴で正直な人々が暮らすパンダの故郷

チベットを定義するのは難しい。中国のチベット自治区という意味であれば州区分における西蔵自治区がそうだ。ただ、民族としてのチベット族が居留する範囲でみると、青海省、四川省や雲南省、インドやブータンの一部にも広がる。中国のパンダの生息地は四川省北西のチベット族とチャン族の自治州にあり、パンダはチベット産ともいえるのだ。

また、チベット仏教を信奉する人々が住むのは、北は崑崙《こんろん》山脈、南はヒマラヤ山脈までつながるチベット高原全域にわたり、世界一高いエベレストをチョモラ

カラフルな鞍をつけた白ヤク。

ンマというのもチベットでの呼び方だ。

一方で、インドのダラムサラに樹立された亡命政府がチベットだともいえる。そこにはチベット仏教の指導者であるダライ・ラマがいる。そして、亡命政府が主張するチベットの領域も、中国の主張とは大きく違っている。

1951年に中国に侵略されるまで、チベット人には領土という概念がなかったといえる。「自分たちのいる場所がチベット」というのは、ある意味自然だろう。

基本的にチベット人は素朴で争いを好まない。遊牧民はヤクや山羊を育て、テントで生活している。現在の、ヤクは希少種で、多くは雄牛との交配種のゾで、雄はゾホ、雌はゾモと呼ばれる。チベット人の生活に欠かせないヤクは、畑を耕したりミルクをとったりする。ヤクの皮でテントや、ボートなども作る。

農家は石造りの家に住み、窓や扉はセメントで縁取られる。2階建てにして1階を物置や家畜小屋にしている家もある。朝食の定番ははったい粉を練ったツァムパとバター茶だ。バター茶は、煮込んだお茶に塩とバターを入れて「ドンモ」という攪拌器《かくはんき》でかき混ぜるが、最近はミキサーが使われている。

主要都市のラサはかなり発展しているが、これはいわば中国によって作られた都市で、僧侶に混じって人民解放軍の軍人の姿も見られる。

信心深いチベット人は占いも好き

チベット人にとって信仰は重要だ。チベット仏教は転生をくり返すダライ・ラマによって率いられるが、現在のダライ・ラマ14世は、１９５９年にインドに亡命してチベット独立の象徴となっている。

そのダライ・ラマが認定するのが、やはり転生をくり返す序列2位のパンチェン・ラマだ。しかし、現在のパンチェン・ラマ11世は、ダライ・ラマ14世が認めた少年ではなく、中国共産党によって選ばれた少年が継承している。

このような問題はあるが、多くの僧侶は毎日厳しい修行の日々だ。出家するのは12～13歳くらいからで、幼い年齢でも「カラスを追い払えること」が基準の目安になるという。出家するのに上限はないが、一人前の僧侶になるには20年ほどはかかるため、20歳を過ぎてから出家する人は少ない。チベット人にとって僧侶は尊敬の対象だが、中国政府にとっては目障りな存在で弾圧の対象になる。それゆえに、多くの亡命者や、政府に抗議する運動が生まれるのだ。

ところで、多くのチベット人は敬虔なチベット仏教の信者だが、同時に大変な占い好きだ。生まれた年の干支《えと》によってその年だけでなく週にも吉凶がある。星の運行による独自の占星術もある。数字や数珠、サイコロを使った占い法も一般的だ。お団子やバターランプを使った占いもあり、毎日の運勢を占うのだ。多くの占いは、仏教成立以前から存在しているという。しかし、現在は仏教と結びつき、教義には反しないとされており、僧侶も頼まれれば占いを行なう。

チベットの代表的人物

alan（アラン）

(1987年 -)

四川省カンゼ・チベット族自治州出身の女性歌手。2006年にエイベックスが行なった新人発掘オーディションに合格。翌年、野島伸司作詞、菊池一仁作曲による「明日への讃歌」で日本デビュー。その後、中国デビューを果たし、映画『レッドクリフ』の主題歌を歌った。現在は中国で活動中。

ほかの地域

ウイグル

叛乱を続ける騎馬民族の末裔

DATA

主要都市：ウルムチ
人口：約2,200万人
面積：約166万km^2
（日本の約4倍）
言語：中国語、ウイグル語
宗教：仏教、チベット仏教、イスラム教など

歌とダンスを愛する東アジアのムスリム

中国が支配する新疆《しんきょう》ウイグル自治区は、ウイグル族と漢民族のほか、いくつかの少数民族が混在するエリアだ。新疆というのも「新しい土地」という意味で、清がこの地を征服したときに呼んだものだ。ウイグル族はこの呼び名を嫌い、トルコ系イスラム教徒が多いことから「東トルキスタン」という呼称を使う。

しかし、中国は強引な同化政策を進め、漢民族の入植が進んでいる。漢民族の比率が高くなったことで、ウイグル族の文化や宗教が抑圧されていると感じ、独立運動や暴動をくり返しているのだ。核実験をくり返され、３人以上で集まった

だけでも罰せられるとなれば、どんなに温厚であっても反発したくもなるだろう。

そもそも、ウイグル人とはトルコ系の遊牧民族で、中国の北方で遊牧と狩猟をしながらのんびりと暮らしていた。しかし、歴代中国王朝からは北方の蛮族として扱われてきた。そこで、たびたび中国に対して叛乱を起こした。いってみれば、中国との対立はずっと以前から続いているのだ。

しかも、ウイグル人は騎馬民族の末裔なだけあって荒っぽくて短気だ。一方で、敵には厳しいが客や友人にはとても親切である。つまり豪快な人が多いのだ。イスラム教徒でもお酒を飲む。もちろん禁酒する人もいるが、昔ながらの馬乳酒や、果物を使ったお酒なども作っている。

食事は1日3度だが、しっかり食べるのは夕食のみだ。朝はヨーグルト、昼はナンとお茶程度など軽いもので済ませる。中国よりもトルコの影響が大きいことから、羊肉のケバブ（カワープ）がメインで、お茶もチャイが好まれる。

そしてウイグル人は歌と踊りが大好きだ。ドタールやサタールといった弦楽器や、タンバリンの原型ともいわれるダップを叩いて盛り上げる。

ウイグルではイスラム教の断食明け祭りの「ローズ祭」や、羊などを犠牲に捧げる「クルバン祭」などがある。お祭りは少なそうだが、結婚式が派手で、披露宴が新郎側と新婦側と別々にあって、そのたびに歌い踊るお祭り好きでもある。

ほかの地域

香港・マカオ

自由を愛するオシャレ好きな都会人

DATA

主要都市：中環
人口：約719万人
面積：0.1万km²
（東京都の約半分）
言語：中国語（北京語）、広東語、英語
宗教：仏教、道教、キリスト教、イスラム教

合理的ばかりではない香港の自由

イギリス領となっていた香港が、中国に返還されたのは1997年のこと。社会主義の中国にあって、資本主義をとる香港は「一国二制度」として50年間の自治権を認められた。返還後もアジア有数の経済都市であり続けている。ジャッキー・チェンなど、香港のエンターテインメント人気もまだまだ根強い。一人当たりの所得も多く、日本からも多くの観光客が訪れる。かつて、中国本土から逃れてきた人々も多く住んでおり、本土からの旅行客には制限がある。中国であって中国ではない場所といえるだろう。

マカオ名物のエッグタルトと、マカオビール。

そんな香港では、携帯電話普及率が200%を超えており、仕事用とプライベート用で使い分けたりしている。高層ビルの建設現場では、いまだに竹で足場を組んでいるが、作業員はタブレット端末を使って設計図の確認をしている。

そんな香港でよく見かけるのが、携帯電話（スマートフォン）にヘッドセットをつけている人たちだ。欧米でも見かける光景だが、香港ではほとんどの若者たちが持っている。耳に取り付けるタイプのインカムだと、髪で隠れて「大きな声でひとり言をつぶやいている」ようだ。

しかし、ハンズフリーで動きも妨げられず、人にぶつかる危険性もかなり減る。やはりイギリス統治を受けていたせいか、欧米風の合理的な考え方が浸透しているのかもしれない。

反面、まったく合理的と思えないのがファッションだ。香港人は基本的にオシャレで、街にはブランド店も多い。そして、気候が温暖で冬でも10度を下回るようなことはなく、雪が降ったこともない。ところが、コートなどの防寒着が売れる。こときには、タンクトップ一枚の人と革ジャンの人が並んで歩いていたりする。これは、コートを買う裕福さをアピールするためと、単純にオシャレのためという、2つの理由がある。暑くても着て歩くことがステイタスなのだ。

いずれも、個々の行動は自由というのが香港のスタイルだ。だからこそ、中国が支配を強めようとすると、反中デモのようなことも起こってしまうのだろう。

ラスベガスをしのぐアジアの不夜城

香港に2年遅れて中国に返還されたマカオは、以前はポルトガル領だった。料理も大航海時代に伝わったポルトガル料理やアフリカ料理の影響が見られる。名物のエッグタルト（257ページ写真）は日本でも見かけるようになったが、やはり本場のしっとりとした卵とサクサクの生地の味わいは格別だといえるだろう。

以前は香港からフェリーかヘリコプターで行くしかなかったが、現在は日本からの直行便も就航。世田谷区の半分程度の広さだが、2005年には、22の建物と8つの広場が「マカオ歴史市街地区」として世界遺産に登録されており、観光名所として見どころがいっぱいだ。

そんなマカオは「カジノの街」としても知られる。2006年にはカジノ収益が70億ドルに達し、営業利益ではラスベガスを抜き、世界一のカジノ都市となった。南部のコタイ地区には、世界中の一流ホテルが進出しており、夜は「夜総会」というクラブで女性たちが接待する。まさにアジアの一大歓楽街といえるだろう。

ただ、マカオカジノでもっともお金を使うのは中国人。中国の富裕層は一回の賭け金がケタ違いで「ハイローラー」と呼ばれる。なかには横領した金をつぎ込む役人などもいて、外貨も稼ぐが中国のお金も流れているのだ。

一方で、現地のマカオ人は、カジノにはほとんど行かない堅実派が多い。

香港・マカオの代表的人物

スタンレー・ホー

(1921年 -)

香港出身で、2002年の外国資本導入まで、マカオのカジノと交通利権を独占していたカジノ王。名家の出だが没落し、無一文からスタートして一代で莫大な富を築く。現在も奇抜なデザインのホテルリスボアのほか、複数のホテル・カジノを経営し、世界進出もするホー一族のドン。

ほかの地域

台湾

毎日「ハッピー」を大切にする

DATA

主要都市：台北
人口：約2,337万人
面積：3.6万km^2
（九州よりやや小さい）
言語：中国語、台湾語、客家語など
宗教：仏教、道教、キリスト教

今を楽しむマイペースな生き方

台湾はアジアの中でも微妙な立ち位置にある。台湾というのは島の名前、もしくは中国での呼び方で、正式には「中華民国」を名乗っている。

もともと先住民が住んでいたところに漢民族の移住が進み、オランダの統治、中国の清朝の支配を受けた後、日清戦争で勝利した日本に割譲される。第二次世界大戦で日本が敗戦すると中国に戻ったが、清朝を倒した中華民国と、共産党の人民解放軍との間で起きた内戦の末、蔣介石《しょうかいせき》ひきいる中華民国政府は、台湾に渡って周辺の島々を実効支配する臨時政府を樹立。しかし、中国は台湾も中国の領土であるとして中華民国を認めない方針で、台湾も建前上は中国全土が領土であると主張し、両者の主張は平行線となった。

そして現在、台湾と正式に国交を結んでいるのは、バチカンを含めわずか22カ国しかない。日本も中国との関係から、公式には国として認めていない。にもかかわらず、毎年140万人以上の日本人が台湾を訪れ、日本にも約221万人の台湾人が訪れる。地図上では沖縄県のすぐ隣であり、じつはとても近いのだ。

そこで日本人が気になるのは「じゃあ中国人とどこが違うの?」というところだろう。ハッキリ言って民族的にはまったく違いはない。気質的にも中国人と同じく、面子を重んじ、礼儀正しく、家族を大事にする儒教精神が残る。赤色が好きでお正月は旧正月で祝い、数字の「4」は縁起が悪いとしている。

一方で、政治形態から麻雀のルールまで、細かなところでは違っている。公用語は北京語をもとにした普通話だが、台湾語を話すという人が70%に達する。「ありがとう」は中国では「謝謝《シェシェ》」だが、台湾では「多謝《トーシャ》」になる。

性格的にも80年代に民主化が進んだことから、中国人よりもずっとオープンになっている。台湾人の国民性を表す言葉としては「吃喝玩樂(チー・ホ・ワン・ロー)」というのがある。食べて(吃)、飲んで(喝)、遊んで(玩)、楽しむ(樂)という意味だ。「政治的な小難しい話は置いて、とにかく今を楽しもうじゃないか」

と、日々の充実を何よりも重視する。むしろ道教の精神が強いといえる。

すでに臨時政府を樹立してから60年以上が経過し、若者たちの間では「もう別の国ってことでいいんじゃない?」という意見も見られる。ノートパソコンでは世界的シェアを誇り、コンピューター大国として経済的にも恵まれている。政府としては認められないが、実利があれば現状のままでもいいという考えもある。

華流で進むアジアエンタメのボーダーレス化

日本統治を受けたことのある台湾は、親日家が多いことで知られる。東日本大震災では、国交がないにもかかわらず、世界最多の義援金を送ってくれた。

日本のエンターテインメントへの関心も高く、ドラマもほぼリアルタイムで視聴されている。嵐などのジャニーズ系から、AKB48のような女性アイドル、ビジュアルバンドも人気だ。とくに、男性ダンスグループのw-indsは、2004年からアルバム4作が、連続でヒットチャート1位を獲得。日本でほとんど活動していないにもかかわらず、アジア圏で根強い人気を誇っている。

一方で、日本でも韓流ドラマ人気に続いて台湾のドラマが数多く放送されるようになり、「華流」と呼ばれるようになった。人気の牽引《けんいん》役となったのが日本の少女マンガを原作にしたドラマ『流星花園~花より男子』だ。ヒロインをとりま

台湾有数の屋台街・士林夜市。

く美男子4人組「F4」を演じた4人がアイドルユニットを結成して大人気となった。続編も作られ、日本でも逆輸入でドラマ化された。

以降、少女マンガ原作のドラマ化が定番となり、『悪作劇之吻 It Started With a Kiss（原題：イタズラなKiss）』、『花様少年少女（原題：花ざかりの君たちへ）』などが日本に先駆けてドラマ化され、出演する「飛輪海（フェイルンハイ）」などのイケメンアイドルグループが女性ファンを虜《とりこ》にした。

近年は、韓流ブームでK－POPアイドルの人気も高い。韓国のアイドルがドラマやバラエティ番組にも出演している。日本人も活躍しており、女優の田中千絵は、2008年の恋愛映画『海角七号 君想う、国境の南』でヒロインを演じ、台湾史上最大のヒット作となった。

2014年には、やはり日本コミック原作のドラマ『流氓蛋糕店（原題：ショコラ）』に長澤まさみが出演。ボーダーレス化するアジアのエンターテインメント業界の中心が、台湾となりつつある。

そして、中国でも台湾のドラマや歌手の人気が高い。台湾も中国の一部なので問題ないのだ。また、北京語の曲が多いことから、広東語で歌う香港の歌手よりも親しみやすいという。中国本土で活動する歌手も多く、２０１２年には、人気ロックバンドの五月天（メイデイ）が、北京オリンピック会場にもなった北京国家体育場「鳥の巣」でコンサートを開催し、20万枚のチケットを即日完売させた。

台湾女性のツンデレぶりから男は外食

台湾旅行の楽しみのひとつに屋台巡りがある。台湾では朝から夜遅くまで食べ物の屋台が開いていて、台湾人も朝食を屋台で済ませることが多い。ご飯の上に豚肉の煮込みをぶっかけて食べる魯肉飯《ルーローファン》や、牛肉麺などとてもボリュームのある丼物が多いが器は小さめ。女性はお粥や豆乳に黒酢をかけたあっさりしたものが多い。中華だけでなく世界中の料理が集まっていて多彩だ。日本料理をアレンジしたものもあるが、基本的に冷たいものや生のものは食べない。

おかげで、子どもも親も3食外食ということもめずらしくない。安くて手軽なため手抜きをするお母さんが多いのだ。最近は共働きも増えたせいか、料理を作れない女性もいるという。ただ、料理なんてできなくても、台湾女性は気が強い。

台湾は、男女同権の考え方が浸透しているため、女性の管理職も増え、結婚しても姓はそのままだ。ナチュラル志向で、メイクの薄い清楚《せいそ》な黒髪美人が求められる。しかし、そんな美人とつきあっても、主導権を握るのは彼女だ。「わたしのこと好きならこれくらいしてね！」と手の上で転がすように男を操縦する。

そして、男にはやさしさが求められる。成人男性には1年間の兵役義務があるが、近年は数カ月の軍事訓練だけで、あまりマッチョにならない。しかも廃止も検討されている。一方で女性兵士は志願制ながら、増加傾向にある。

2013年に、男女比で女性の数が上回り、男性の買い手市場になった。しかし、弱気な台湾男性は、相変わらず女性にふりまわされている。

台湾の代表的人物

徐熙娣（シュー・シーディー）

(1978年 -)

『流星花園』でヒロインを演じた徐熙媛（バービィ・スー）の妹で、姉が「大S（ダーエス）」と呼ばれるのに対し「小S（シャオエス）」と呼ばれる。姉と一緒にアイドルユニット「S.O.S」を結成。台湾女性きっての毒舌キャラとして知られ、バラエティー番組の司会を務め人気となる。

韓国

上下関係には厳しく、ネット大好き

DATA

首都：ソウル
人口：約5,000万人
面積：約10万km^2
（日本の約4分の1）
言語：韓国語
宗教：宗教人口53.1％（うち仏教42.9％、プロテスタント34.5％、カトリック20.6％）

儒教精神が培ったジャイアンの論理

領土問題や外交問題では嫌韓、Ｋ－ＰＯＰや韓流ドラマでは親韓。どちらにせよ、日本にとってもっとも近い外国が韓国だ。歴史的にも長いつきあいがあり、現在日本に住んでいる韓国人もいれば、旅行で出かけていく日本人もいる。韓国人の人柄については、日本人もほとんど把握しているといえるだろう。とはいえ、嫌韓も親韓も韓国人の一面だけを見ているという場合が少なくない。

韓国人の根本にあるのは、儒教精神といえる。古代中国の哲学者の孔子を始祖とし、日本にも大きな影響を与えた。そして、経由地の韓国では、李氏朝鮮時代

怒りっぽいけどすぐに忘れてしまう
ケンチャナヨ
괜찮아요?
女性は整形してでもキレイになりたい
LINE
焼肉♪
江南STYLE
PSY
YOU TUBE
ジュ~
何でもネットで済ませるインターネット中毒

に国教となったことから、現在でも、「長幼の序」と「男女の別」の風潮が根強い。

韓国では上司や年上など、目上の人間の言うことに逆らえない。とくに男性は2年以上の兵役義務があるため、軍隊で上下関係をみっちりと叩き込まれる。そのため、就職しても社長は神様、社員は奴隷という構図になりやすい。

2014年に発生した旅客船が転覆し、多数の犠牲者を出しながら船長が逃げ出した「セウォル号沈没事件」や、大韓航空の副社長が飛行機を引き返させた「ナッツリターン問題」は、日本でも大きく報じられた。事の大小はあるが、上司の命令は絶対という文化が引き起こしたものだともいえる。

言葉遣いについても厳しく、社員は「社長様」「部長様」と、上司に「様《ニム》」をつけて呼ぶ。最近はいくぶんゆるくなったとはいえ、バラエティ番組で、アイドルが先輩アイドルに対してタメ口で話しただけでネットが炎上してしまう。本人同士は仲良くふざけていただけでも、世間がそれを許さないのだ。年長者と口論になったときも、怒りで口調を荒げると「なんだ、その口の利き方は！」と、本題と関係ないところでどんどんヒートアップしてしまう。

一方の上司や先輩は、後輩の面倒を見るのが決まりだ。飲み会でも食事でも必ず目上の人間がオゴる。威張るにはそれなりの出費も伴うというわけだ。

●アジア4カ国の1人当たり年間食肉消費量

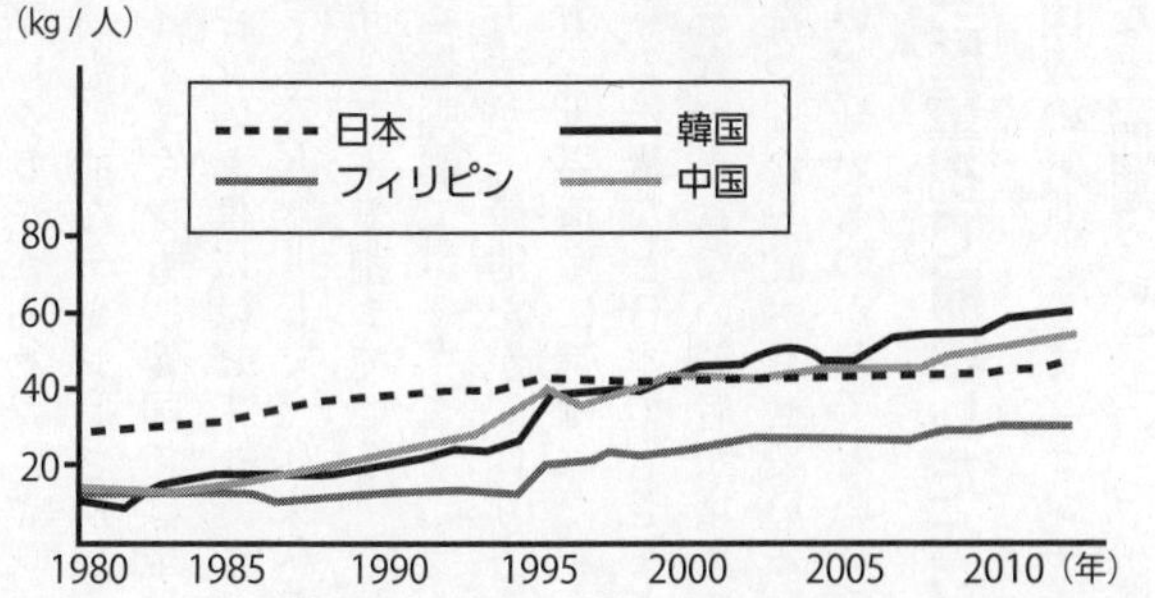

(アメリカ農務省資料、IMFのデータをもとに作成)

豚肉を筆頭に、鶏肉、牛肉と、韓国人はアジアの中では肉が大好きな民族だ。

焼肉よりもフライドチキン

韓国料理といえば焼肉が定番だ。確かに内臓から血まで食べ尽くすほど、牛肉の食べ方には詳しい。

ただ、実際の韓国人はそれほど牛肉を食べているわけではない。韓国でよく食べられるのは圧倒的に豚肉だ。ばら肉を鉄板で焼き、サンチュやエゴマの葉でくるんで食べる「サムギョプサル」や、ゆでた豚肉を白菜でくるむ「ポッサム」などが定番料理だ。

また、鶏肉もよく食べられている。鶏一羽の中にご飯をつめて煮込んだ「サムゲタン」が有名だが、最近の人気はフライドチキンだ。安い居酒屋では一羽を丸焼きにした「トンタッ」があるが、最近は甘辛いタレをからめた「ヤンニョムチキン」が人気だ。町中にはテイクアウトも出前も可能なチキン屋さんが何軒もあって、日本や中国で人気のケンタッキーフライドチキンも、韓国では現地のフライドチキンチェーンに押され気味。

チキンのお供にはビールだが、韓国のビールは薄いので、酔いたければ焼酎（ソジュ）をストレートで一気飲みする。お酒の弱い女性は、微炭酸のマッコリをさらにサイダーで割っている。そして、興が乗ってくると登場するのが、焼酎のビール割「爆弾酒（ポッタンジュ）」だ。ビールジョッキに焼酎のショットグラスを沈める方法が一般的だが、作り方のバリエーションは１００種類以上だという。

一方、世界遺産に選ばれたキムチも、韓国人に欠かせない食文化だ。納豆キムチやキムチ鍋など日本でもさまざまにアレンジされている。ところが、最近はキムチを食べられない若者が増えている。韓国の親は、小さい子にはキムチを一度水で洗ってから食べさせている。ファストフードなど洋食文化が浸透したことも手伝い、辛いものが苦手という韓国人も少なくないのだ。

学歴重視で崩壊したケンチャナヨ精神

韓国人の気質として「ケンチャナヨ精神」というものがある。「大丈夫」「気にするな」「問題ない」といった意味で、何でも「ケンチャナヨ」というところからきている。かつて韓国人は時間を守らないというのが当たり前だった。約束しても30分くらいの遅刻はかわいいもので「コリアタイム」と呼ばれた。そして遅刻しても悪びれずに「ケンチャナヨ」で済ませていた。

ただ、経済的にも急成長し、サムスンや現代《ヒュンダイ》自動車が世界的企業となると、海外の習慣やマナーにもあわせなければならない。最近の韓国人は、時間も守り仕事にも真剣に取り組むようになってきたといえる。

そして、一流企業に入るためには小さいころから英才教育をほどこされる。韓国の都市圏では高校受験がなく、学区ごとに成績順に割り振られる。そのため、大学受験で将来が決まると考えられている。すべての高校は均等という建前だが、やはり高級住宅地の江南《カンナム》などは進学率が高い。大学受験のために引っ越してくる家族もいる。英語力を高めるために留学する子どもも多く、母親が子どもの面倒を見るために渡米し、ひとり残った父親が働いてせっせと妻子に送金する逆単身赴任の家庭も多く「雁のお父さん」と呼ばれている。

そして、11月に行なわれる大学修学能力試験

トッポギとヤンニョムチキン。

は、国民全体がピリピリムードとなる。官公庁の出勤時間は遅らされ、バスや地下鉄も増発。遅刻しそうな生徒のために、パトカーや白バイがタクシー代わりに出動するのが風物詩となっている。

漫画も勉強もゲームもネットでOK

世界一の速さでスマートフォンが普及し、サムスンやLG電子の携帯端末が世界的シェアを誇っている。韓国は日本よりもずっと早く地デジ化を実施し、全土に光ケーブルを敷設してきたIT大国として知られる。

国民全員に住民番号があるため、名前と住民番号だけで簡単に利用でき、利用者はネット上の市民ということで「ネチズン」と呼ばれる。最大手のポータルサイト「NAVER」は、韓国では圧倒的なシェアを誇り、グーグルやヤフーも寄せ付けない。そして、検索エンジンとしてだけでなく、生活に関わるあらゆるサービスを提供している。

日本で大人気となっているメッセージアプリの「LINE」も、NAVERの日本法人がはじめたサービスだ。ただ、韓国ではカカオトークが95％のシェアを誇り、LINE利用率は12％に留まっている。

そんなネット社会で若者たちに人気なのが、「ウェブトゥーン」という電子コミックだ。4コマのギャグ漫画からストーリー物まで幅広く、紙の漫画と違って、コマ割りせずにスクロールで読ませるタイプのものもある。見た人の数によって作者に原稿料が入るが、ドラマ・映画化されるような人気作品も生まれている。

また、韓国人はオンラインゲームの利用率が高い。自宅やネットカフェで何時間もPCに張り付き、やりすぎて命を落としてしまう若者すらいるという。ネット中毒に陥った人は「廃人」と呼ばれる。

ただ、それが完全に悪いともいえないのが「eスポーツ」の存在だ。コンピューターゲームもスポーツの一種として扱い、賞金の出る大会を定期的に開催しているのだ。プロのゲーマーやチームがあり、海外遠征などで年収1億円を超えるスタープレイヤーもいる。国もeスポーツ振興に力を入れており、オタクでもヒーローになれるのだ。

大韓民国の代表的人物

東方神起
(2003年 -)

ユンホとチャンミンによる男性デュオ。2003年に5人組としてデビューし、中高生の間で人気を博すと2005年に日本デビュー。K-POPブームの礎を築いたが、契約問題により3人が脱退しJYJとして活動。2人が残ったが、現在もアジア全域で根強い人気。

北朝鮮

格差は大きくても、強気の3代目

DATA

首都：平壌（ピョンヤン）
人口：約2,489.5万人
面積：約12万km^2
（日本の約3分の1）
言語：朝鮮語
宗教：不明

党幹部になれば裕福な暮らしも可能

国連加盟国の中で、唯一日本と国交がない北朝鮮。一方で、拉致問題や核開発など、日本にとっていちばん近い脅威でもある。世界のジャーナリストによる国境なき記者団が選ぶ「報道の自由度ランキング」でもつねに最下位クラスで情報も入ってこない。北朝鮮の人々の暮らしぶりはなかなか日本には伝わらない。

ただ、北朝鮮が外交関係を有する国は162カ国もある。1983年に要人暗殺テロの「ラングーン事件」を引き起こし、国交を断絶していたミャンマーとも関係を修復。21世紀にはイギリスやドイツとも国交を結んでいる。ミサイル発射

北朝鮮を代表するレストラン・玉流館の外観。

問題や6カ国協議再開の拒否などで経済制裁は続くものの、平壌にはオシャレな人も多く、女性もチョゴリでなくスリムなスカートをはいている。「チョゴリがめくれてみっともない」との理由で禁止されていた女性の自転車禁止令も、最近では一時的に解除された。平壌の大きな百貨店には品物も多く、若者たちは携帯電話を持ち、家ではネットゲームもできるようだ。

李氏朝鮮時代は「平壌冷麺」「開城クッパ」「全州ビビンバ」が朝鮮三大料理といわれていた。日本の焼肉屋さんでもおなじみのメニューとなっているが、3つのうち2つは北朝鮮が発祥だ。平壌の「玉流館」は北朝鮮観光客が必ず訪れる冷麺の有名店で、1日1万食を売り上げる。

もっとも、そんな暮らしを享受できるのは、党幹部や高級軍人の家族など、平壌に住む一部の人だけ。地方では食糧も品物も不足しがちで、食糧配給証も物品供給カードもただ持っているだけという状態だ。わずかに配給される米だけではとても足りないため、人々は「物乞い袋」と呼ばれる背嚢（ペナン）を背負って歩き回り、物々交換で暮らしている。電力の供給もたびたびストップするので、薪で暖を取る家も少なくない。社会主義国らしく医療費は無料だが、病院には薬がなく設備も貧弱なため、入院するために必要なものはすべて自前となる。

韓国と同じくキムチが国民食だが、北朝鮮のキムチは赤くも辛くもない。公式的には「辛いものを食べて体を悪くしないように」という金日成《キムイルソン》の言葉により、唐辛子の栽培が禁じられているという。だが実際は、農業政策の失敗で、唐辛子が作れないというのが実情のようだ。

教科書にも載る驚きの金日成伝説

金王朝とも呼ばれる北朝鮮は、金氏の支配が3代続く。初代の金日成は「永遠の主席」や「偉大なる首領様」と呼ばれて神格化されている。

小学校の教科書では、金日成は朝鮮民族にとっての霊山である白頭山に天から降りてきた神の子であり、5歳で「朝鮮独立」と書いて正確に意味を理解していたとされている。妖術を使って天候を自由に操り、鉛筆で馬の絵を描くと、紙から本物の馬が飛び出して日帝（日本軍）を蹴散らした。金日成が率いた軍は「百戦不敗」で、支給された弾丸は「百発百中」だった。また、空を飛び、地中にも潜れ、「縮地法」という術を使ってどんな場所にも瞬時にワープすることができた。まるで特撮ヒーローのようなスーパーマンぶりだ。

金日成が死んでもう20年が過ぎている。本人を知らず、小学校低学年のときからこんな話を聞かされていれば、信じている人がいても無理はない。

そして、「偉大なる将軍様」と呼ばれた2代目の金正日《キムジョンイル》も縮地法を使えたという。『将軍様、縮地法をお使いになる』という歌まで作られている。ただ、本人はあまり使うことがなく、中国に行くにも専用の装甲列車を使っていた。父親の能力をほとんど受け継ぎ、生後3週間で歩き、8週間で言葉を話した。とりわけゴルフの才能に優れ、18ホール中11回もホールインワンを出して残りはイーグルかバーディー。トータルは38アンダーの世界記録を出した。没後は「永遠の国防委員長」として大元帥の称号を贈られている。

そして、現在の指導者が3代目の金正恩《キムジョンウン》だ。主席と国防委員長を唯一の存在にしてしまったため、肩書きは国防委員会第一委員長となっている。金正恩にもすでに多くの伝説が広まっている。幼少期から銃の腕前はプロ級で、5歳のときにひとりで車を運転して500キロの道のりを往復し、ヨットレースをして大人に勝ったという。また、あの体型でバスケの腕前もプロ級だといわれている。

本業よりも仕事や行事が優先される

北朝鮮は「自力更生（自分の力でやる）」をモットーに、軍や女性、子どもにも労働を奨励している。軍人も工場や建設現場で働き、小学生は古紙や鉄クズの回収などを行なう。傍目《はため》には本業が何だかわからないほどだ。男女交際に厳しいため、手をつないで歩くこともできず、婚前交渉などもってのほか。そのため、男性がひとりでする行為も、こっそり自力更生と呼ばれている。

労働で良い成績をあげると、政府主催の式典に招かれる。これが名誉なことで、最高指導者の出席する行事は「1号行事」と呼ばれ特別な日となる。ただ、行事に参加するのも大変だ。北朝鮮といえば一糸乱れぬマスゲームが有名だが、出場者は式典当日までの数カ月間、猛練習を積まなければならない。

軍人家族の芸術サークル公演となる「軍人家族熱誠者大会」では、奥さんが家事そっちのけで練習に行ってしまう。そのため、夫である軍人からも、訓練に身が入らないとの不満が続出するという。

しかし、練習熱心なのにも理由がある。式典参加者は、カラーテレビやノートパソコンなど、豪華なプレゼントがもらえるのだ。高級品をゲットするチャンスで、子どもを「少年団大会」へ出場させるために、党幹部に賄賂《わいろ》を贈ったという例もある。

こういった式典では伝統的な舞踊を踊るのが通常だが、北朝鮮にもポップス音楽がある。金正日の時代には「普天堡（ポチョンボ）電子楽団」といったグループが作られ、軍歌や労働歌謡をはじめ、数々のプロパガンダソングを軽快に歌っていたという。

そして、後継者の金正恩も美女ばかりで構成される「牡丹峰（モランボン）楽団」をプロデュースしている。バンドの楽器は型落ちの日本製電子楽器などだが、ボーカルは美脚を露《あらわ》に、華やかなステージを披露する。

北朝鮮の代表的人物

鄭大世（チョン・テセ）
(1984年 -)

日本生まれのサッカー選手で母が朝鮮籍。川崎フロンターレ在籍中に北朝鮮代表に選ばれ、東アジアサッカー選手権で得点王となる。2010年南アフリカ大会ではブラジルを相手に1点をあげ「人民のルーニー」と呼ばれた。顔文字の「(｀ε ´) ノ」がトレードマーク。

お国柄がもっとわかる！
東アジアの人々のつぶやき集

中国・女性

ダンナ（日本人）の両親の前で、ダンナの名前を呼び捨てにしたらダメなんですか？　だってもう家族なんだし、わたしのほうが仲いいんですよ。その感覚がまったくわかりません。

チベット・男性

わたしの名前の「テンジン」ですが、チベットの人の90％は「テンジン」なんですよ。「テンジンさん」って呼ぶと、みんなこっち向きますよ。

香港・男性

日本企業の「しつこい感じ」は、システムエンジニアにとって重要だと思いました。ひとつのことを追究する、こだわることとか。

韓国・女性

以前は、韓国だと既婚者が浮気をすると捕まっちゃったんです。日本でよかった～、な～んてね。

主要参考文献

『イラスト会話ブック インド』大田垣晴子（JTBパブリッシング）
『インドのことはインド人に聞け！』中島岳志（講談社）
『誰も知らなかったインド人の頭ん中』冬野花（中経出版）
『インド アズ ナンバーワン』榊原英資（朝日新聞出版）
『インドビジネス 驚異の潜在力』島田卓（祥伝社新書）
『続・インドの衝撃』NHKスペシャル取材班（文藝春秋）
『インド人には、ご用心！』モハンティ三智江（三五館）
『カーストから現代インドを知るための30章』金基淑編（明石書店）
『世界の食文化（8）インド』小磯千尋、小磯学（農文協）
『60カ国世界比較文化事典』T・モリスン、W・A・コナウェイ、G・A・ボーデン、幾島幸子（マクミランランゲージハウス）
『スリランカを知るための58章』杉本良男、高桑史子、鈴木晋介（明石書店）
『るるぶスリランカ』（JTBパブリッシング）
『南アジアを知る事典』辛島昇、江島惠教、小西正捷、前田専学、応地利明（平凡社）
『ネパール 村人の暮らしと国際協力』清沢洋（社会評論社）
『ネパールの子供達』ディディはるこ（新風舎）
『ネパールを知るための60章』日本ネパール協会（明石書店）
『知られざる素顔のパキスタン』氏原やすたか、波勝一廣（共栄書房）
『新語・造語の生みの親』ことばの謎研究会（青春文庫）
『世界探訪・食と風土 おいしいバングラデシュ』（カゼット出版）
『バングラデシュを知るための60章』大橋正明、村山真弓（明石書店）
『地球の歩き方 バングラデシュ 2015～2016』（ダイヤモンド社）
『バングラデシュ経済がわかる本』南谷猛、浅井宏、松尾範久（徳間書店）
『未来国家ブータン』高野秀行（集英社）
『旅の指さし会話帳（81）ブータン』西田文信（情報センター出版局）
『ブータン、これでいいのだ』御手洗瑞子（新潮社）
『世界一しあわせな国 ブータン人の幸福論』福永正明（徳間書店）
『東南アジアを知る事典』池端雪浦監修（平凡社）
『旅の指さし会話帳（55）モルディブ』三倉奈美（情報センター出版局）
『暮らしがわかるアジア読本 インドネシア』宮崎恒二（河出書房新社）
『東南アジアを知るための50章』今井昭夫編（明石書店）
『世界各国便覧』（山川出版社）
『図解雑学 大発見！あなたの知らない世界地図』辻原康夫（ナツメ社）
『世界の食文化（4）ベトナム・カンボジア・ラオス・ミャンマー』石毛直道（農文協）
『シンガポールに暮らす』ジェトロ編（ジェトロ）
『怪しいアジアの歩き方』クーロン黒沢（KKベストセラーズ）
『国際マナー常識事典』企業OBペンクラブ編著（学習研

究社）
『世界のビックリ習慣』世界博学倶楽部（ＰＨＰ研究所）
『タイを知るための72章』綾部真雄編著（明石書店）
『国民性の違いがはっきりわかる本』博学こだわり倶楽部編（河出書房新社）
『現代ベトナムを知るための60章』今井昭夫、岩井美佐紀編著（明石書店）
『新興国20カ国のこれからがわかる本』門倉貴史監修（ＰＨＰ研究所）
『暮らしがわかるアジア読本　マレーシア』水島司編（河出書房新社）
『ワールドガイド　マレーシア・ブルネイ』（ＪＴＢパブリッシング）
『ミャンマーを知るための60章』田村克己、松田正彦編著（明石書店）
『ラオスを知るための60章』菊池陽子、鈴木玲子、阿部健一編著（明石書店）
『現代フィリピンを知るための61章』大野拓司、寺田勇文編著（明石書店）
『東ティモールを知るための50章』山田満編著（明石書店）
『サウジアラビアを知るための65章』中村覚編著（明石書店）
『現代アラブを知るための56章』松本弘編著（明石書店）
『アラブ人の不思議な習慣』マーガレット・K・（オマル）ナイデル著、石井千春、木村健次郎翻訳（飛鳥新社）
『中東アラブ25カ国』のすべて』宮田律監修、株式会社レッカ社編著（ＰＨＰ研究所）
『中東のことがマンガで3時間でわかる本』ハッジ・アハマド・鈴木（明日香出版社）
『オマーンってどんなとこ　こんなとこ』前川雅子（凱風社）
『アラブ首長国連邦（ＵＡＥ）を知るための60章』細井長編著（明石書店）
『現代イラクを知るための60章』酒井啓子、吉岡明子、山尾大編著（明石書店）
『イラクで私は泣いて笑う』酒井啓子（めこん）
『戦火の子どもたちに学んだこと』西谷文和（かもがわ出版）
『見えないアジアを歩く』見えないアジアを歩く編集委員会編著（三一書房）
『シリア安寧なる日々よ再び』松村正孝（風詠社）
『シリア・レバノンを知るための64章』黒木英充編著（明石書店）
『イラン人は面白すぎる！』エマミ・シュン・サラミ（光文社新書）
『イラン人このフシギな人々』遠藤健太郎（彩流社）
『地球の歩き方　イラン　2014～2015』（ダイヤモンド社）
『イランを知るための65章』岡田恵美子、北原圭一、鈴木珠里編著（明石書店）
『イスラエルを知るための60章』立山良司編著（明石書店）
『旅の指さし会話帳（82）　イスラエル』福地波宇郎（情報センター出版局）
『地球の歩き方　イスラエル　2013～2014』（ダイヤモンド社）
『絵を見て話せるタビトモ会話　トルコ』大田垣晴子（ＪＴＢパブリッシング）
『暮らしがわかるアジア読本　トルコ』鈴木薫（河出書房新社）
『早わかりトルコビジネス』日本貿易振興機構編（日刊工業新聞社）
『クルド人もうひとつの中東問題』川上洋一（集英社新書）

『アルメニアを知るための65章』中島偉晴、メラニア・バグダサリヤン編著（明石書店）
『地球の歩き方　ロシア　2014～2015』（ダイヤモンド社）
『コーカサスを知るための60章』北川誠一、前田弘毅、廣瀬陽子、吉村貴之編著（明石書店）
『知られざる魅惑の国グルジア』加固寛子著、児島康宏監修（クリエイティブ21）
『海を渡った柔術と柔道』坂上康博（青弓社）
『グルジア現代史』前田弘毅（東洋書店）
『モンゴルを知るための65章　第2版』金岡秀郎（明石書店）
『世界の食文化（3）　モンゴル』石毛直道、小長谷有紀（農山漁村文化協会）
『現代モンゴルを知るための50章』小長谷有紀、前田愛編著（明石書店）
『カブール　ビューティ・スクール』デボラ・ロドリゲス著、仁木めぐみ訳（早川書房）
『アジア未知動物紀行』高野秀行（講談社）
『アフガニスタン母子診療所』梶原容子（白水社）
『社会主義後のウズベキスタン』ティムール・ダダバエフ（アジア経済研究所）
『ウズベキスタン滞在記』矢嶋和江（早稲田出版）
『中央アジアを知るための60章』宇山智彦編著（明石書店）
『カザフスタン　草原と資源と豊かな歴史の国』角﨑利夫（早稲田出版）
『六本足の子牛』森住卓（新日本出版社）
『地球の歩き方　中央アジア　2011～2012』（ダイヤモンド社）
『サハリンに残された日本語樺太方言』真田信治監修、朝日祥之著（明治書院）
『地球の歩き方　中国　2014～2015』（ダイヤモンド社）

『世界の食文化（2）　中国』周達生、石毛直道（農山漁村文化協会）
『こんなに違うよ！　日本人・韓国人・中国人』造事務所編著（PHP研究所）
『チベットを知るための50章』石濱裕美子編著（明石書店）
『地球の歩き方　チベット　2012～2013』（ダイヤモンド社）
『中国の火薬庫』今谷明（集英社）
『地球の歩き方　香港　マカオ　深圳　2014～2015』（ダイヤモンド社）
『マカオ香港夜遊び地図』（シーズ情報出版）
『台湾&華流ドラマパーフェクトガイド』（竹書房）
『クレアスタ　vol.24』（MENTOR）
『台湾エンタメパラダイス』（キネマ旬報社）
『現代台湾を知るための60章』亜洲奈みづほ（明石書店）
『こんなに違うよ！　日本・韓国・中国の会社』造事務所編著（PHP研究所）
『世界の食文化（1）　韓国』朝倉敏夫（農山漁村文化協会）
『あなたが知らない韓国！　100のトリビア』別冊宝島編集部（宝島社）
『韓国歴史・現代ドラマの謎』クォン・ヨンソク監修（日本文芸社）
『徹底比較！　日中韓しきたりとマナー』一条真也監修、造事務所編著（祥伝社黄金文庫）
『地球の歩き方　韓国　2014～2015』（ダイヤモンド社）
『どうなる！　これからの北朝鮮』株式会社レッカ社編著、辺真一編集協力（PHP研究所）
『北朝鮮・驚愕の教科書』宮塚利雄、宮塚寿美子（文藝春秋）
『北朝鮮の暮らし』宮塚利雄（小学館文庫）
『金正恩』高英起（宝島社新書）

本書は、書き下ろし作品です。

編著者紹介
造事務所（ぞうじむしょ）
企画・編集会社（1985年設立）。編著となる単行本は年間30数冊にのぼる。おもな編著書は『日本人が知らないヨーロッパ46カ国の国民性』『日本人が驚く中南米33カ国のお国柄』（ともにPHP文庫）、『天気が変えた世界の歴史』（祥伝社黄金文庫）など。

ＰＨＰ文庫　日本人が意外と知らないアジア45カ国の国民性

2015年5月15日　第1版第1刷

編著者　造事務所
発行者　小林成彦
発行所　株式会社ＰＨＰ研究所
東京本部　〒102-8331　千代田区一番町21
文庫出版部　☎03-3239-6259（編集）
普及一部　☎03-3239-6233（販売）
京都本部　〒601-8411　京都市南区西九条北ノ内町11
PHP INTERFACE　http://www.php.co.jp/
印刷所
製本所　共同印刷株式会社

ISBN978-4-569-76340-8